Ulrich Kohlmann

111 Weinorte in der Toskana, die man gesehen haben muss

Mit Fotografien von Anna Maria Santangelo

111

emons:

Bibliografische Information der Deutschen Nationalbibliothek
Die Deutsche Nationalbibliothek verzeichnet diese Publikation in der Deutschen Nationalbibliografie; detaillierte bibliografische Daten sind im Internet über http://dnb.d-nb.de abrufbar.

FSC
www.fsc.org
MIX
Papier | Fördert gute Waldnutzung
FSC® C083411

Layout: Eva Kraskes, nach einem Konzept
von Lübbeke | Naumann | Thoben
Kartografie: altancicek.design, www.altancicek.de
Kartenbasisinformationen aus Openstreetmap,
© OpenStreetMap-Mitwirkende, ODbL
Druck und Bindung: CPI – Clausen & Bosse, Leck
Printed in Germany 2023
ISBN 978-3-7408-1741-1

Vorwort

Die Toskana ist ein Sehnsuchtsland. Kunst und Geschichte, Schlemmereien und Weine von Weltniveau. All das inmitten einer der ergreifendsten Kulturlandschaften der Erde. Einzelne Elemente dieses Ensembles findet der Weinreisende auch in anderen Regionen Italiens. Der anhaltende Zauber der Toskana liegt jedoch darin, dass diese hier in einer nahezu perfekten Ordnung erscheinen. Wie bei einem fein geknüpften Teppich alle Fäden am richtigen Platz, alle Farbschattierungen aufeinander abgestimmt sind, so fügen sich in der Toskana alle Aspekte des Themas Wein zu einem vielschichtigen und doch harmonischen Gewebe. Als müsste es einfach so und nicht anders sein. Weinkultur in ihrer höchsten Form.

Diese sichtbar und verständlich zu machen ist das Anliegen dieses Buches. Deshalb kommen neben unterschiedlichen Weinstilen, Weinbaupraktiken und Kellertechniken auch die toskanische Geschichte und Landschaft, ihre Kunst, ihre lokalen Traditionen und einige ökologische Aspekte zur Sprache. Alle Weinorte in diesem Band gehören zum Besten, was die Toskana zu bieten hat. Auf einzelne Bewertungen von Weingütern und Weinen wurde daher verzichtet. Für ein besseres Verständnis der Weinkultur eines Landes sind Punkte, Sterne oder andere Notensysteme ohnehin nur bedingt hilfreich. Orte geselliger Weinkultur wie Weinlokale und Enotheken durften hingegen nicht fehlen. Museen, Panoramapunkte und einige ungewöhnliche Orte laden dazu ein, das bunte Mosaik der toskanischen Weinlandschaft noch weiter zu erkunden.

Umwege, sagt man, erhöhen die Ortskenntnis. Auch der Weinreisende sollte sie nicht scheuen. Den Reiz der Toskana erlebt man vor allem auf ihren Nebenstraßen. Aus Gründen des Landschaftsschutzes sind diese manchmal Schotterwege. Aber selbst wenn das dringend empfohlene Navi mal streiken sollte: ruhig bleiben, schauen und genießen. Sie sind im Paradies.

111 Weinorte

1__Osteria del Teatro

Auch ohne Theaterbesuch die richtige Wahl

Sprechen macht durstig. Schauspieler trinken daher gern, und von Abstinenzlern wie Tom Cruise einmal abgesehen, ist es selten Wasser. Wer sich zum Durstlöschen nicht gleich ein eigenes Weingut zulegt, ist auf entsprechende Lokale angewiesen. Das bekannteste in Cortona ist die »Osteria del Teatro«. In der Stadt gibt es ein kleines, aber feines Theater, errichtet 1853 im neoklassizistischen Stil. Sergio Castellitto, Miriam Leone, Pierfrancesco Favino und Antonio Albanese sind hier aufgetreten und anschließend in der Osteria eingekehrt. Auch Anthony Hopkins war zu Gast, jedoch nicht als Schauspieler, sondern anlässlich einer Ausstellung seiner farbenfrohen Bilder. Ralph Fiennes, Jeremy Irons, Juliette Binoche und Tilda Swinton kamen einfach so vorbei.

Die Osteria befindet sich in einem historischen Palast. Originalfußböden und Türen aus dem 16. und 17. Jahrhundert vermitteln eine behagliche Atmosphäre. Neben einigen Außentischen verfügt das Lokal über drei Gasträume. Der urigste ist aus einer ehemaligen Küche gewonnen. Vor allem hier sind die Wände geradezu gepflastert mit Fotos von Schauspielern und anderen bekannten Zeitgenossen.

Die wahren Schätze des Gasthauses aber liegen in seinem tiefen Keller. Auch an heißen Sommertagen ruhen hier bei perfekter Temperatur und Feuchtigkeit rund 700 Etiketten, die Küchenchef und Inhaber Emiliano Rossi einkauft. Schon die glasweise ausgeschenkten Tropfen bieten dem Gast ein interessantes Spektrum. Das Angebot aus den großen toskanischen Rotweingebieten ist besonders reichlich. Schön, dass auch lokale Weine gut repräsentiert sind. Bei der Wahl kann man sich an Rebsorten oder an Regionen orientieren. Erfreulich sind auch die moderaten Aufschläge gegenüber den Handelspreisen. Am Tisch sorgt Emilianos Frau Ylenia für das Wohl der Gäste, und ein Sommelier berät sorgfältig bei der Wahl der zu den regionaltypischen Gerichten passenden Weine.

Adresse Via Maffei 2, 52044 Cortona, Tel. +39/0575/630556, www.osteria-del-teatro.com | **Anfahrt** A 1/E 35, Ausfahrt Valdichiana, auf die Straße Bettolle–Perugia in Richtung Perugia, Ausfahrt Cortona, weiter auf der SP 32 | **Öffnungszeiten** Do–Di 12.30–14.30 und 19.30–22.30 Uhr | **Tipp** Ein Spaziergang über die Via Nazionale zur Piazza Garibaldi, dem schönsten Aussichtspunkt Cortonas, ist ein echtes Highlight.

2 Baldetti

Syrahfieber in Cortona

Die Toskana war über Jahrhunderte von Sümpfen und Lagunen geprägt. An der Küste und auch im Inland boten zahlreiche Wasserflächen nur Stechmücken einen idealen Aufenthaltsort. Besonders gefürchtet war das zwischen Arezzo und Cortona gelegene Chianatal. Laut Dantes »Göttlicher Komödie« war die Gegend von Juli bis September von einem infernalischen Gestank geplagt. Die von dem Dichter beschriebene schlechte Luft war nichts anderes als die »malaria«, das Sumpffieber. Das ganze Ausmaß des Problems zeigt auch eine von Leonardo da Vinci 1503 angefertigte Karte des Chianatals. Erst Jahrhunderte später hat man das Problem in den Griff bekommen: »Der Weizen gedeiht hier recht schön, und er scheint hier alle seiner Natur gemäßen Bedingungen zu finden«, urteilte Goethe in seiner »Italienischen Reise«.

Auf den Qualitätsweinbau musste man freilich noch eine Weile warten. Erst Ende des letzten Jahrhunderts erkannte man, dass die Gegend um Cortona für Syrah geeignet ist. Die für Botrytis und Chlorose anfällige Rebsorte fühlt sich auf den kalkarmen, vom nahen Trasimenischen See temperierten Tonböden wohl. Heute sind gut 80 Prozent des Anbaugebiets mit Syrah bestückt. Vorreiter war das Weingut Tenimenti d'Alessandro. Schon bald folgten Winzer wie Stefano Amerighi, Fabrizio Dionisio und die Familie Baldetti. Wo einst das Sumpffieber grassierte, herrscht heute ein regelrechtes Syrahfieber.

Wer sich davon anstecken lassen möchte, sollte unbedingt bei den Baldettis vorbeischauen. Der Betrieb ist schon älter, doch als 1999 die Ursprungsbezeichnung »Cortona DOC« Raum für Qualitätsweinbau schuf, nahm er richtig Fahrt auf. Weinberge wurden neu angelegt, und 2012 folgte ein moderner Keller. Die Weine – einschließlich des in klassischer Flaschengärung erzeugten Sekts – sind durchgehend vorbildlich. Im Mittelpunkt aber steht der Syrah. Der zwölf Monate im Barrique reifende »Crano« zeigt, wo es langgeht.

Adresse Località Pietraia 71/A, 52044 Cortona, Tel. +39/0575/67077, www.baldetti.com | **Anfahrt** A 1/E 35, Abfahrt Valdichiana, auf die Straße Bettolle–Perugia in Richtung Perugia, Ausfahrt Pietraia, der Beschilderung »Azienda Agricola Baldetti« folgen | **Öffnungszeiten** nach Vereinbarung | **Tipp** Im »Ambrosia« in Cortona (Via Dardano 40, Tel. +39/333/4688596) kann man die Weine Baldettis mit einer modernen toskanischen Küche genießen.

3__Baracchi

Schaumweine aus der Südtoskana

Cortona gibt es seit gut 2.800 Jahren. Zu Beginn hieß es »Curtun«, die Einwohner waren Etrusker. Danach passierten noch viele interessante Dinge, aber wirklich berühmt war die Stadt nie. Erst ab 1996, als die amerikanische Schriftstellerin Frances Mayes ihren autobiografischen Roman »Under the Tuscan Sun« veröffentlichte, geriet Cortona ins Visier von Reisenden aus aller Welt. Das Interessante dabei: Das Städtchen hat das überlebt. Auf den Straßen und Plätzen der hübschen Altstadt herrscht immer noch eine typisch toskanische Atmosphäre. Auch wenn gelegentlich Shakira oder George Clooney am Nachbartisch sitzen.

Deshalb lohnt es sich, hier einige Zeit zu verbringen. Für Weinfreunde gilt es, den Syrah im Umland von Cortona zu erkunden. Immerhin gehört die Gegend neben Bolgheri und Sizilien zu den italienischen Toplagen für diese Rebsorte. Der ideale Anlaufpunkt für solche Unternehmungen ist das Weingut der Familie Baracchi. Wer es luxuriös liebt, geht mit ihrem Weinresort »Il Falconiere« auf Nummer sicher. Als preisgünstige Alternative kommt die ebenfalls von den Baracchis betriebene »Locanda del Molino« auf der anderen Seite von Cortona in Betracht.

Wo immer man auch wohnt, beim Weingut sollte man auf jeden Fall vorbeischauen. Weinbau betreibt die Familie seit 1860. Der aus Cabernet Sauvignon und Syrah gewonnene »Ardito« ist ihr Aushängeschild. Ein gut gemachter Spätburgunder sowie Syrah und Merlot ergänzen das Angebot an Rotweinen. Richtig spannend wird es jedoch bei den Schaumweinen mit klassischer Flaschengärung. Hier sind die Baracchis Vorreiter in der Toskana und beweisen, dass auch in wärmeren Gegenden feinperlende, elegante Vertreter dieser Weinart möglich sind. Sehr ansprechend ist ihr Trebbiano mit 30 Monate langem Hefelager. Der aus Sangiovese gewonnene Brut Rosé ruht hingegen 40 Monate lang auf der Hefe. Schwuppdiwupp ist die Flasche leer.

Adresse Località Cegliolo 21, 52044 Cortona, Tel. +39/0575/612679, www.baracchiwinery.com | **Anfahrt** A 1/E 35, Ausfahrt Monte San Savino, auf der SP 25 bis Castiglion Fiorentino, Richtung Cortona, über Sodo und San Martino Bocena zum Weingut | **Öffnungszeiten** nach Vereinbarung | **Tipp** Die Enoteca Molesini ist eine gute Adresse für Weinkauf in Cortona (Piazza della Repubblica 22/23, Tel. +39/0575/62544).

4 Die Weinfenster

Renaissance eines Klassikers

Die Medizin am Nachtfenster der Apotheke, der Burger vom Drive-in des Schnellrestaurants – Fensterkäufe sind Teil unseres Alltags. Anders verhält es sich jedoch mit dem Weinkauf. Hier erwarten wir den direkten Kontakt mit dem Händler. Wenn der nicht möglich ist, etwa in Zeiten einer Pandemie, schlägt die Stunde der Fensterkäufe. In heutiger Zeit sind das vor allem Weinautomaten, an denen man den Rebensaft als Take-away bekommt – kontaktlos und sicher.

Eine brandneue Idee, möchte man meinen, doch weit gefehlt. Wein am Fenster zu verkaufen ist eine Florentiner Tradition. Bereits im 16. Jahrhundert gab es dort *buchette del vino* genannte Weinfenster. In der Regel befanden sich diese an gut frequentierten Straßen des Stadtzentrums. Eingelassen in die Fassaden prächtiger Paläste, dienten sie den meist adeligen Besitzern zum Verkauf ihres überschüssigen Weins. Das war ein recht einträgliches Geschäft – ohne den profitschmälernden Zwischenhandel und obendrein noch steuerfrei. Ihre Positionierung auf Brusthöhe erleichterte die Übergabe von Wein und Geld, vor allem aber vermied sie den Augenkontakt. In Pestzeiten war das sicherlich nützlich, diente jedoch vor allem dazu, die Privatsphäre zu schützen. Das Standardformat war eine Öffnung von 30 mal 20 Zentimetern, gerade groß genug für einen Fiasco, die strohumflochtene toskanische Weinflasche. Allein im Stadtzentrum von Florenz hat man 154 solcher Weinfenster gezählt.

Ihre Hochzeit erreichten sie im 18. Jahrhundert, um dann bis Mitte des 20. Jahrhunderts nach und nach zu schließen. Erst 2019 hat das Bistro »Babae« erneut ein Weinfenster geöffnet. Während der Coronapandemie haben sich dann auch andere Lokale wie die »Osteria delle Brache« und die »Osteria Belle Donne« zu diesem Schritt entschlossen. Ob sie offen bleiben, ist abzuwarten. Eine originelle Form des Weinverkaufs ist es allemal – modern wie vor 500 Jahren.

Adresse Weinfenster: Via del Proconsolo 10, Via del Trebbio 1, Via delle Belle Donne 8, Via dei Palchetti 4, 50122 Florenz | **Anfahrt** Tiefgarage am Hauptbahnhof Santa Maria Novella | **Öffnungszeiten** rund um die Uhr | **Tipp** Die Gelateria Vivoli in der Via Isola delle Stinche 7r verkauft Eis durch ein ehemaliges Weinfenster.

5 Enoteca Alessi

Wein und Schokolade

Wein und Schokolade bilden ein natürliches Paar. Beide bieten ein sehr großes und zueinander passendes Spektrum an Aromen. Vor allem aber vereint sie ihre Eigenschaft als hervorragender Stimmungsmacher. Der Alkohol im Wein und das Theobromin in der Schokolade lassen manch dunklen Tag in hellerem Licht erscheinen. Wenn dann noch Zucker im Spiel ist, nimmt die euphorisierende Wirkung noch weiter an Fahrt auf. Kein Wunder, dass man bald erkannte, wie sich die Wirkung der einzelnen Inhaltsstoffe bei einer geschickten Kombination noch steigern lässt. Wein und Schokolade gemeinsam zu genießen ist deshalb eine altbewährte Praxis. Für einen Weinhändler liegt es also nahe, auch Schokolade in sein Sortiment aufzunehmen.

Bei Alessi lief es jedoch umgekehrt. Die beiden Brüder Napolino und Paride Alessi eröffneten im Jahr 1952 ein Geschäft für *bomboniere*, die mit Süßigkeiten gefüllten Schächtelchen, welche man in Italien an Hochzeitsgäste verschenkt. Das Geschäft lief gut, und so zog man einige Jahre später in die heutigen Geschäftsräume, die mit einem großen Keller hervorragende Lagerbedingungen auch für Wein boten. Dazu musste man freilich erst einmal die tiefen Schlammschichten entfernen, die das schreckliche Hochwasser von 1966 hinterlassen hatte. Doch an Fleiß und Ideen fehlte es den Alessis nie, und so war man bald in der Lage, Wein auch ins Ausland zu liefern.

Die letzte Neuerung ist die 2007 eröffnete Weinbar. In ihr kann man Wein glasweise genießen, auf Wunsch kombiniert mit Käse- und Schinkenplatten. Der Rest des Erdgeschosses bietet eine große Auswahl an Schokolade, Spirituosen, Pasta, Olivenöl und anderen Delikatessen. Im Keller kann man dann der Weinsuche frönen. Bei 2.300 Etiketten sollte man sich dafür etwas Zeit nehmen. Allein die Auswahl an toskanischen Weinen ist großartig, und für ältere Jahrgänge wird die Schatzkammer aufgesperrt.

Adresse Via delle Oche 27/r, 50122 Florenz, Tel. +39/055/214966, www.enotecaalessi.it | **Anfahrt** Tiefgarage am Hauptbahnhof Santa Maria Novella | **Öffnungszeiten** Mo–Sa 10.30–19 Uhr | **Tipp** Einen Weinausschank für Arme gab es einst im herrlich freskierten »Oratorio dei Buonomini di San Martino« (Piazza San Martino, Mo-Do und Sa 10–12 und 15–17 Uhr, Fr nur 10–12 Uhr).

6 Der Innenhof der Uffizien

Feiern, feiern, feiern – Wein bei den Medici

Im Florenz der Medici spielte Wein eine große Rolle. *»Di doman non c'è certezza«*, die Zukunft ist ungewiss, schreibt Lorenzo il Magnifico in seinem dem Weingott Bacchus gewidmeten Gedicht. Deshalb solle man dem Rebensaft tüchtig zusprechen. Er selbst ging mit gutem Beispiel voran und streifte bis zum frühen Morgen durch die Weinlokale der Stadt. Nur der Dominikanermönch Savonarola wetterte gegen solche Pub Crawls. Seine Herrschaft war allerdings von kurzer Dauer, danach wurde wieder ausgiebig gefeiert.

Anfangs ging es bei den Festen der Medici etwas rüde zu, aber unter Cosimo I. wurden Regeln aufgestellt, was bei Tisch konvenierte und was nicht. Weniger getrunken wurde deshalb nicht. Den Gipfelpunkt an Menge, Qualität und Anzahl von Weinen erreichte man bei der im Palazzo Vecchio gefeierten Hochzeit von Maria de' Medici und Heinrich IV. Bei solchen Gelegenheiten sowie bei Taufen und Staatsempfängen gab es dann auch etwas für das Volk. Weinbrunnen waren besonders beliebt. Brot und Wein traten oft an die Stelle des altbewährten Duos Brot und Spiele. Der Wein stammte aus den Überschüssen der auf Hochtouren laufenden Güter der Medici.

Nicht immer ging es jedoch allein um krudes Saufen. So brachte etwa Cosimo III. eine moderne Weingesetzgebung auf den Weg und beauftragte den Maler Bartolomeo Bimbi, die besten Traubenarten in Stillleben zu verewigen. Dadurch konnten Forscher den Rebsortenspiegel der Medici rekonstruieren und die historischen Sorten im Boboli-Garten erneut auspflanzen. Auch Francesco Redi, der Leibarzt Cosimos III., setzte ihnen ein Denkmal. Sein Gedicht »Bacco in Toscana« ist der erste Weinführer der Toskana. Sein Urteil ist unerbittlich: Wer den Vernaccia di San Gimignano verschmähe, schreibt er, solle zur Strafe den Wein von Peretola trinken. Er sollte recht behalten. Wo einst schlechte Trauben wuchsen, befindet sich heute der Flughafen.

Adresse Piazzale degli Uffizi 6, 50122 Florenz | Anfahrt Tiefgarage am Hauptbahnhof Santa Maria Novella | Öffnungszeiten immer zugänglich | Tipp Die Gemälde von Bartolomeo Bimbi sind in der Villa Medicea di Poggio a Caiano zu sehen (Tel. +39/055/877012).

7 Procacci

Weine und Trüffeln mit Stil

Die Via de' Tornabuoni ist die eleganteste Straße in Florenz. Ihr Name geht auf eine steinreiche Kaufmannsfamilie zurück. Nur die Medici waren noch wohlhabender. Die Heirat von Lucrezia Tornabuoni mit Piero de' Medici war daher ein finanztechnisches Meisterstück. Auch die Antinori, die Strozzi und viele andere betuchte Florentiner Familien ließen sich hier ihre prächtigen Residenzen bauen. Der englische Kartograf Robert Dudley und der französische Unternehmer François Jacques de Larderel folgten. Zu Beginn des 20. Jahrhunderts fand die Straße ihre definitive Gestalt als Salon des Florentiner Bürgertums und Adels. Da durften gut sortierte Buchhandlungen und vor allem edle Kaffeehäuser nicht fehlen. Die Eleganz des Gran Caffè Doney war in ganz Europa bekannt, und im Caffè Casoni wurde der berühmte Cocktail Negroni erfunden.

Auch das Procacci leistete seinen Beitrag zu einer Straße des guten Geschmacks. Die aus Umbrien stammenden Procacci besaßen zunächst nur ein kleines Geschäft, das Trüffeln und Haselnüsse feilbot. 1910 eröffneten sie ihren Laden am heutigen Sitz und erweiterten ihr Angebot um Trüffelbrötchen und Wein. Die traumhaft weichen Duchesse mit Trüffel wurden schnell ein Renner. 1925 stiegen die Procaccis zu Hoflieferanten auf.

In den letzten Jahrzehnten begannen jedoch Modeboutiquen, die anderen Geschäfte zu verdrängen, und am Ende blieb nur noch das Procacci übrig. Um das Verschwinden dieses letzten Delikatessentempels zu verhindern, übernahm 1996 die Familie Antinori das Geschäft. Seither geht es wieder aufwärts, und von zehn bis 21 Uhr kann man im Procacci eine genussvolle Pause einlegen. Neben etwa 50 Weinetiketten von Antinori findet man noch einige Champagner. Man kann vormittags vorbeischauen, zu einem kleinen Mittagessen bleiben oder ganz klassisch gegen 17 Uhr einen stilvollen Aperitif zu sich nehmen. Natürlich auch einen Negroni.

Adresse Via de'Tornabuoni 64/r, 50123 Florenz, Tel. +39/055/211656, www.procacci1885.it | **Anfahrt** Tiefgarage am Hauptbahnhof Santa Maria Novella | **Öffnungszeiten** Mo – Sa 10 – 21 Uhr, So 11 – 20 Uhr | **Tipp** Eleganz und gute Küche finden sich auch gleich nebenan im historischen Weinlokal »Cantinetta Antinori« (Piazza degli Antinori 3, Tel. +39/055/292234).

8 Studio Elisabetta Rogai

Eine Florentiner Weinmalerin

Weinflecken passieren jedem. Eine rasche Handbewegung bei einer hitzigen Diskussion, eine kleine Unachtsamkeit beim Einschenken, und schon ist es passiert. Verschütteter Wein ist Schicksal. Man kann es, wie einst der Philosoph Immanuel Kant, in einen Akt der Freiheit verwandeln, indem man den Finger eintaucht und den Fleck in eine die Rede unterstützende Skizze verwandelt. Kunst wird daraus freilich noch nicht. Um Kunst zu werden, muss der Fleck Gestalt annehmen. Dieser Aufgabe widmet sich die Florentiner Künstlerin Elisabetta Rogai.

Ihre Weinbilder sind außergewöhnlich. Plane Striche und rötlich braune Linien, die sich zu dicken Schlieren verdichten. Man denkt spontan an Fruchtsaft oder gar an geronnenes Blut. Als Weinliebhaber ist man versucht, daran zu riechen, aber egal, ob man am Farbtopf oder am fertigen Bild schnüffelt, das Aromengedächtnis streikt. Brunello, Barolo oder Sangiovese – was auch immer hier verwendet wurde, hat sich in eine ebenso unergründliche wie faszinierende Substanz verwandelt.

Zum Malen verdünnt Elisabetta Rogai die zuvor eingedickte Weinmasse mit frischem Wein. Nach einer Vorzeichnung mit einem aus Rebholz gewonnenen Kohlestift trägt sie in raschen Strichen die Farbe auf die Leinwand auf. Oft geschieht dies im Freien oder als Event unter den neugierigen Blicken der Besucher. Das fertige Werk ist eine Momentaufnahme des Wirklichen und des Imaginären, ein nicht enden wollendes Spiel mit raffinierten Farbkontrasten. Sucht man nach stilistischen Einflüssen, so steht der Maler Lucian Freud unverkennbar im Hintergrund. Dessen Ölfarben versprechen lange Dauer. Von den Weinbildern wissen wir vorerst nur, dass Feuchtigkeit ihr Feind ist. Vielleicht halten sie nur einige Jahre, wer weiß? Mit Sicherheit aber verändern sich ihre Farben im Kontakt mit Sauerstoff und Licht. Genau wie der Wein, spannend in seinem Wandel mit der Zeit.

Adresse Via Giuseppe Tartini 13/b, 50144 Florenz, www.elisabettarogai.it | Öffnungszeiten nach Vereinbarung | Tipp In der »Enoteca Bistrot Maurizio Zanolla« kann man Delikatessen kaufen und auch zum Essen bleiben (Via Valdinievole 12, Tel. +39/055/412051).

9 Trattoria Da Burde

Florentiner Steak mit Champagner

Die Trattoria Da Burde liegt vor den Toren von Florenz. Näher am Flughafen als an der Stadt, umgeben von Supermärkten, Geschäften und Betrieben aller Art – nicht gerade ein Ort, an dem man ein traditionelles Florentiner Gasthaus vermuten würde. Doch genau darum handelt es sich. Seit 1901 betreibt die Familie Gori die Trattoria, mittlerweile in der vierten Generation. Ihre Lage an der nach Pistoia führenden Straße bestimmt das Publikum: Hier machen Arbeiter und Angestellte, Direktoren und Handelsvertreter halt, um gut zu Mittag zu essen. Manchmal sind auch ein paar Reisende auf ihrem Weg zur Medici-Villa Poggio a Caiano darunter, aber überwiegend handelt es sich um Einheimische. Das mag dazu beitragen, dass sich Küche und Ambiente ohne Zugeständnisse an den Massentourismus erhalten haben.

Die Speisekarte ist der Tradition verbunden und lebt von der hohen Qualität lokaler Zutaten, aus denen Paolo Gori und sein Team Gemüsesuppen, Pastagerichte, Kuchen und andere Nachspeisen fertigen. Fisch gibt es vor allem freitags. Doch im Zentrum steht Fleisch. Hier kann man von den Vorspeisen über die *primi* bis zu den Hauptgerichten schwelgen, vom urflorentinischen »Peposo«, einer Art Gulasch, über Kutteln bis hin zur königlichen Bistecca Fiorentina, dem Florentiner Steak. Spätestens an dieser Stelle kommt Paolos Bruder Andrea ins Spiel. In kurzer Zeit durchlief Andrea alle Stufen der Sommelier-Ausbildung und wurde 2006 zum besten Sommelier der Toskana gekürt. 2011 kam der begehrte Titel »Ambassadeur de Champagne« hinzu. Nebenbei gründete er noch einige viel gelesene Online-Weinzeitschriften und schrieb erfolgreiche Bücher. Natürlich über Wein. Seine erfreulich preiswert gestaltete, umfassende Weinkarte mit den Schwerpunkten Toskana und Champagne wurde mehrfach prämiert. Vertrauen Sie seinem Rat und seiner Erfahrung. Zum Rindersteak ein Glas Champagner gefällig?

Adresse Via Pistoiese 154, 50145 Florenz, Tel. +39/055/317206, www.vinodaburde.com | Anfahrt A 11 bis zum Flughafen Amerigo Vespucci, dort leicht rechts Richtung Scandicci / SGC Florenz – Pisa – Livorno, auf dem Viadukt rechts ab in die Via Pistoiese | Öffnungszeiten Mo – Do 9 – 18 Uhr, Fr 9 – 16 und 19 – 23.30 Uhr, Sa 9 – 16 Uhr | Tipp Hochwertiges Olivenöl aus einem herrschaftlichen Landgut mit Ausblick gibt es in der Tenuta di Collina in der Via di Collina 15 in Calenzano (Tel. +39/055/8819935).

10 Fattoria Machiavelli

Niccolò Machiavellis Weinberge

Einen Weinberg in der Toskana zu besitzen ist der Traum vieler – allerdings ein kostspieliger. Bei den aktuellen Preisen für toskanisches Rebland muss man tiefe Taschen haben. Die Liste der hiesigen Promi-Winzer ist jedoch länger, als man denkt: Gianna Nannini, Sting, Ferruccio Ferragamo oder Oliviero Toscani sind nur die bekanntesten unter den glücklichen Besitzern.

Noch in den 1970er Jahren war Grunderwerb auch in guten Weinlagen kein unerschwinglicher Luxus. Geht man noch weiter in der Geschichte zurück, ändert sich die Perspektive beträchtlich. Dante Alighieri besaß gleich zwei Weingüter in der Umgebung von Florenz, und Michelangelo Buonarrotis Weinberge werden noch heute bewirtschaftet. Leider war ein solcher Besitz damals kein Zeichen von Reichtum, in vielen Fällen nicht einmal von Wohlstand. Wein war jahrhundertelang ein günstiges Grundnahrungsmittel, weshalb man mit einem Weingut kein großes Geld verdienen konnte.

Auch der Philosoph, Diplomat und Dichter Niccolò Machiavelli nannte ein Landgut vor den Toren von Florenz sein Eigen. Dorthin zog sich der treue Diener der Florentiner Republik zurück, als er nach deren Zerschlagung bei den neuen Machthabern keine Anstellung mehr bekam. Aus einem Brief an seinen Freund Francesco Vettori wissen wir, wie armselig sein Tagesablauf zwischen Vogeljagd, Kartenspielen und bescheidenen Mahlzeiten aussah. Nur am Abend fand er die Ruhe, um zu schreiben. Den Umständen trotzend, verfasste er hier im Jahr 1513 eines der größten Werke der politischen Theorie: den »Principe«.

Heute kann man nicht nur Machiavellis Wohnräume besichtigen, sondern auch seine Weinberge. Bepflanzt sind sie wie zu seinen Zeiten mit Sangiovese, aber auch mit Cabernet Sauvignon und Merlot. Dort, wo er ohne feste Anstellung mit Frau und Kindern sein Dasein fristete, kann man einen Aperitif genießen, Wein verkosten oder Feste feiern.

Adresse Via degli Scopeti 64, 50026 Sant'Andrea in Percussina, Tel. +39/055/828471, www.villamachiavelli.it | Anfahrt SGC Siena – Florenz, Abfahrt San Casciano, weiter auf der SR2 bis Via Scopeti | Öffnungszeiten nach Vereinbarung | Tipp Das schon zu Machiavellis Zeiten bestehende Restaurant »Albergaccio« bietet gehobene toskanische Küche in einem historisch unvergleichlichen Ambiente.

11 Bargino

Tradition – ein Experiment, das Erfolg hatte

Der offizielle Name des Weinkellers lautet »Cantina Antinori nel Chianti Classico«. Die meisten kennen ihn jedoch schlicht als »Bargino«, nach dem kleinen Dörfchen, bei dem er sich befindet. Man übersieht ihn leicht. Zwei lange horizontale Schnittlinien, die den grünen Hügel sanft öffnen, als hätte sich der Künstler Lucio Fontana hier einmal als Landschaftsarchitekt versucht. Der hypermoderne Keller ist eine Glanzleistung des Florentiner Architekten Marco Casamonti. Mit dem Bau verwirklichte Piero Antinori seine Idee, weintechnische Funktionalität mit architektonischer Schönheit und Nachhaltigkeit harmonisch zu verbinden. In der Tat erlaubt das elegant in den Hügel versenkte dreistöckige Gebäude eine Weinerzeugung allein durch Ausnutzung der Schwerkraft und ohne künstliche Kühlung.

Hier befinden sich auch die Büros der Marchesi Antinori S.p.A. Das Unternehmen besitzt derzeit 16 Weingüter in Italien und zwei weitere in Weinregionen der Neuen Welt. Da braucht es schon etwas Platz, um die Übersicht nicht zu verlieren. Und so entschloss man sich, den Firmensitz vom altehrwürdigen Stammhaus in der Via de' Tornabuoni in Florenz nach Bargino zu verlegen. Jahrhundertelang hatte man die Geschicke des Weinhauses von dem ansehnlichen, aber alles in allem doch überschaubaren Renaissancepalast aus geleitet.

Die lange Familiengeschichte der Antinoris verzeichnet Seidenhändler, Bankiers, Künstler und Diplomaten, doch seit 26 Generationen sind sie vor allem Weinleute. Eine derart lange Tradition könnte Erstarrung bewirken. Bei den Antinoris schloss Traditionsbewusstsein jedoch Innovation nie aus. »Tradition ist ein Experiment, das Erfolg hatte«, sagt man hier gern. Der Satz stammt von dem französischen Önologen Émile Peynaud, ihrem langjährigen Berater, und er bezeichnet genau die Philosophie des Hauses. Bei einer Kellerführung in Bargino kommt man ihr auf die Spur.

Adresse Via Cassia per Siena 133, Località Bargino, 50026 San Casciano Val di Pesa, Tel. +39/055/23595, www.antinori.it | Anfahrt SGC Florenz – Siena, Abfahrt Bargino, weiter auf der Via Cassia / SR 2 bis zum Weingut | Öffnungszeiten täglich 10 – 18.30 Uhr | Tipp In der »Trattoria della Fonte« in der Via Santa Maria a Macerata 31 in Montefiridolfi isst man mit Blick auf den Weinberg Tignanello (Tel. +39/055/8244743).

12 Artenova

Weinbereitung in Terrakotta

Most in Amphoren aus Terrakotta zu vergären war in der griechischen Antike gängige Praxis. Auch für die Lagerung und den Transport des Weins verwendete man Behälter aus diesem Material. Es war im Alltag der Griechen also stets präsent. Das mag selbst das Denken bestimmt haben. Wer weiß, ob die Theorie des Philosophen Empedokles, unsere gesamte Welt beruhe auf den Elementen Erde, Wasser, Feuer und Luft, nicht bei einem weinseligen Symposium geboren wurde? Mit Blick auf seinen aus Terrakotta gefertigten Skyphos – das typische Trinkgefäß der Griechen bei solchen Gelagen – mag es ihm durch den Kopf gegangen sein: »Heureka (εὕρηκα), das ist's, was unsere Welt im Innersten zusammenhält!« Denn im Grunde ist Terrakotta nichts anderes als mit Wasser vermischte Erde, die im Feuer – durch Luft angefacht – gehärtet wird.

Auch wenn es sich nun nicht gleich um Fundamente unseres Weltgefüges handelt, kommen innovative Winzer 2.500 Jahre später doch genau darauf zurück. Aus gutem Grund: Im Gegensatz zu hölzernen Barriquefässern gibt Terrakotta nämlich keine aromatischen Stoffe an den Wein ab. Dadurch kommt insbesondere der Sortencharakter der Trauben klar zum Vorschein. Anders als Stahltanks schließt Terrakotta zudem den Wein nicht hermetisch von seiner Umwelt ab, sondern lässt ihn durch einen – wenn auch geringfügigen – Sauerstoffaustausch »atmen«. Zudem sind Amphoren langfristig gesehen günstig. Die Anschaffungskosten sind zwar denen eines Barrique vergleichbar, doch können Tonamphoren im Gegensatz zu diesen immer wieder verwendet werden. Eine interessante Alternative also zu Stahltank oder Barrique.

Unter den Herstellern von Terrakottafässern ist die Firma Artenova aus Impruneta eine der bekanntesten. Langjährige Erfahrung und die Verfügbarkeit eines hochwertigen Tons aus der unmittelbaren Umgebung machen den Unterschied. Ihre Produkte gehen an Winzer auf der ganzen Welt.

Adresse Via Europa 12, 50023 Impruneta, Tel. +39/055/2012316, www.giare.terracotta-artenova.com | Anfahrt A 1, Ausfahrt Impruneta, auf der SR 2 bis Tavarnuzze, links auf die SP 69 bis Impruneta | Öffnungszeiten nach Vereinbarung | Tipp Bei der Biennale »La Terracotta e il Vino« kann man Terrakotta-Weine aus vielen Ländern verkosten (www.terracottaevino.com).

13_Castello del Trebbio

Neue Wege der Biodynamik

Ein mittelalterliches Schloss, eine Verschwörung, eine reiche Bankiersfamilie, die Medici und der Papst, ein Erzbischof und ein Meuchelmord im Dom von Florenz. Aus solchem Stoff sind Hollywoodfilme und Romane von Dan Brown. Doch manchmal schreibt die Wirklichkeit ein ebenso dramatisches Drehbuch. Wer heute von Florenz kommend zum Castello di Trebbio hinauffährt, mag kaum glauben, dass in den Mauern dieses malerisch gelegenen Schlosses ein berühmtes Komplott ausgeheckt wurde: die Verschwörung der Pazzi. Mit ihr versuchte der Schlossherr Francesco de' Pazzi die Übermacht der Familie Medici zu brechen. Das war damals eine alles andere als unpopuläre Idee. Nur ging die Sache schief, der Anführer und seine Mitstreiter wurden gefangen genommen und auf sehr unappetitliche Weise beseitigt. Das Schloss war damit natürlich erst mal weg.

Die weitere Geschichte ist für Weinfreunde weniger spannend und nimmt erst mit der Ankunft der Familie Baj Macario wieder Fahrt auf, die das mittlerweile völlig heruntergekommene Anwesen im Jahr 1968 erwarb. Der naheliegenden Versuchung, die gruselige Vergangenheit touristisch auszuschlachten, ist man hier nie erlegen. Stattdessen haben die Inhaber viel Fleiß, Sorgfalt und Kreativität in den Aufbau eines nachhaltigen Winzerbetriebs gesteckt.

Anna Baj Macario und ihr Mann Stefano Casadei haben dabei eine besondere Form biodynamischer Landwirtschaft entwickelt, die sie biointegrale® nennen. Die Grundlage bilden biodynamische Praktiken zum Erhalt der Bodengesundheit. Davon ausgehend erweitern sie jedoch den Blick, sorgen mit Photovoltaikanlagen für nachhaltige Energie und mit 100 Hektar Wald für Biodiversität. Durch Bevorzugung lokaler Anbieter versucht man zudem, Lieferketten kurz zu halten und sinnvolle Arbeitsplätze zu schaffen. Wer bei der Olivenernte oder Weinlese mithilft, kann dieses umfassende Konzept hautnah erleben.

Adresse Via Santa Brigida 9, 50065 Pontassieve, Tel. +39/055/8304900, www.castellodeltrebbio.it | **Anfahrt** von Florenz auf der SP 67 Richtung Sieci, weiter auf der SP 84, beim Schild »S. Brigida 4« rechts abbiegen | **Öffnungszeiten** nach Vereinbarung | **Tipp** Das geschmackvoll eingerichtete Gutsrestaurant »La Sosta del Gusto« lockt mit besten lokalen Zutaten und Weinen.

14 Castello di Monsanto

Memorial der Einzellage

»Die Überschätzung der Frage, wo man sich befinde«, schreibt Robert Musil in seinem Roman »Der Mann ohne Eigenschaften«, stamme aus einer Zeit, als »man sich die Futterplätze merken musste [...] Es lenkt von Wichtigerem ab«. Ob das stimmt, ist ebenso eine Frage der Literaturwissenschaft wie der Önologie. Die einen machen die Herstellungsweise eines Weins für seinen Geschmack verantwortlich. Jeder »Winemaker«, der weiß, wie es geht, könne demnach exzellente Weine machen. Die Gegenansicht betont, dass ein einzigartiges Wechselspiel von Boden, Lage, Mikroklima und Mensch den Charakter eines Weins forme. Erst das Terroir einer parzellengenau abgrenzbaren Einzellage präge unverkennbar den Geschmack. Nur der beste Weinberg also könne Spitzenweine liefern. Eine Diskussion darüber, ob das Wie oder doch eher das Wo zählt, gibt es in allen Weinländern, und der Gesetzgeber gibt hier der einen, dort der anderen Ansicht mehr Raum.

Im Gebiet des Chianti Classico wurde 2014 die zweistufige Qualitätspyramide aus »annata« und »riserva« um eine »Gran Selezione« erweitert, bei der es sich um Wein aus einer Einzellage oder auch einer Auswahl der besten Trauben eines Weinguts handelt. Man hat es allen recht machen wollen, den Winemakern und den Terroiristen.

Fabrizio Bianchi vom Weingut Monsanto hat von Anfang an auf das Terroir gesetzt. Als erster Winzer im Chianti Classico kelterte er einen Wein aus einer als außergewöhnlich erkannten Einzellage: dem »Poggio«. Das war 1962 und damals ziemlich freakig. Aber der Erfolg hat ihm recht gegeben. Der 5,2 Hektar große Weinberg thront auf einem 315 Meter hohen Hügel *(poggio)*. Der Boden ist der für das Gebiet typische *galestro*, eine Art Kalkmergel – ideale Bedingungen für Sangiovese. Das heute von Fabrizios Tochter Laura geführte Weingut hat ein lückenloses, bis auf den Jahrgang 1962 zurückgehendes Kellerarchiv. Ein Memorial der Einzellage.

Adresse Via Monsanto 8, 50028 San Barberino Tavarnelle, Tel. +39/055/8059000, www.castellodimonsanto.it | Anfahrt SGC Florenz–Siena, Abfahrt Poggibonsi Nord, 1. Ausfahrt im Kreisel, rechts in die Strada Comunale San Giorgio-Cinciano, rechts in die Via Monsanto | Öffnungszeiten Mo–Fr 9–13 und 14–18 Uhr | Tipp Die »Osteria il Campanellino« in der Via Vittorio Veneto 36 in Barberino Val d'Elsa überzeugt mit Küche und Panorama (Tel. +39/055/8075770).

15__Castello di Verrazzano

Von Greve in Chianti nach New York

Giovanni da Verrazzano war ein Entdecker. An ihn erinnert eine Bronzestatue auf dem Marktplatz von Greve in Chianti, und die Chianti-Classico-Weine des Gutes tragen stolz sein Konterfei. Zu Recht. Verrazzano, 1485 im Familienschloss geboren, ist kein Geringerer als der Entdecker der Bucht von New York. 1524 segelte er die Ostküste Nordamerikas ab, um eine schiffbare Westpassage zwischen dem Atlantik und dem Pazifik zu finden. Hatte sich doch die von Vasco da Gama entdeckte Ostroute über Südafrika als lang und gefährlich und die von Magellan über Südamerika für den Handel als unpraktisch erwiesen. Verrazzanos Fahrt brachte nicht den erhofften Erfolg, zeigte aber, dass an der Nordostküste Amerikas kein Durchkommen war. Wenige Jahre später, auf seiner dritten Entdeckungsreise, wurde Verrazzano von Kannibalen verspeist und dann rasch vergessen.

Erst die historische Forschung hat ihm einen Kolumbus, Vespucci und Caboto ebenbürtigen Rang zugeteilt. In Anerkennung seiner Leistung trägt die Verrazzano-Narrows Bridge zwischen Brooklyn und Staten Island seinen Namen. Zusätzlich wurden drei Steine aus dem Schloss in das Fundament der Brücke eingebaut und drei Steine aus dieser in die Schlossfassade eingelassen.

Traditionsbewusst trägt das Weingut weiterhin den berühmten Namen, auch wenn es heute im Besitz der Familie Cappellini ist, die es aufwendig restauriert und vor allem weintechnisch modernisiert hat. 230 Hektar umfasst das Gut, 52 davon entfallen auf die Rebflächen. Die kalkreichen, steinigen Weinberge befinden sich in einer Höhenlage zwischen 260 und 420 Metern, mithin hervorragende Bedingungen, um harmonische und gebietstypische Rotweine zu erzeugen. Bei den drei Chianti-Classico-Weinen ist Sangiovese zu 95 bis 100 Prozent der Protagonist. Bereits seit 1982 produziert das Weingut auch einen Supertuscan, bei dem noch Cabernet Sauvignon hinzukommt.

Adresse Via Castello di Verrazzano 1, Località Greti, 50022 Greve in Chianti, Tel. +39/055/854243, www.verrazzano.com | **Anfahrt** von Florenz auf der SR 222 Richtung Greve, am Direktverkauf Castello Verrazzano rechts ab und der Beschilderung folgen | **Öffnungszeiten** Mo–Fr 8–12 und 13–17 Uhr | **Tipp** Die Weine gibt es auch in der »Cantinetta Dei Verrazzano« in Florenz (Via dei Tavolini 18/r, Tel. +39/055/268590).

16 Enoteca Falorni

Lorenzo, der Erfinder

Die Toskana ist ein Land der Erfinder. Natürlich denkt man da zunächst an Leonardo aus dem kleinen Dorf Vinci. Sein Leben formt bis heute unsere Vorstellung vom neugierigen Renaissancemenschen, der ruhelos daran arbeitet, das Leben der Menschen durch Technik zu erleichtern. Leicht vergisst man dabei jedoch, dass Leonardos erfinderischer Geist in der Toskana kein bloßes Strohfeuer war. Die Entwicklung des ersten Verbrennungsmotors, des Dynamos oder der Vespa sind nur die bekanntesten Beispiele späterer toskanischer Erfindungen.

Kein Wunder, dass auch die Welt des Weins der Toskana eine nützliche Erfindung verdankt: den Weindispenser, jenen Automaten, der es ermöglicht, Wein glasweise zu verkosten. Wein im Glas gab es freilich immer schon, doch meistens war es der offen ausgeschenkte Hauswein einer Trattoria. Wollte man etwas Besseres, kam man früher an der Bestellung einer ganzen Flasche nicht vorbei. Nicht nur preislich war das für viele keine Alternative, auch Singles oder um ihren Führerschein besorgte Autofahrer winkten da höflich ab. Die Unmöglichkeit, vom Fischgericht über das Steak bis hin zum Dessert einen einzigen passenden Wein zu wählen, verschärfte das Problem zusätzlich. Das traurige Bild einer Wasserflasche inmitten einer mit lukullischen Köstlichkeiten beladenen Tafel war das Ergebnis.

Aber dann kam Lorenzo Falorni mit seiner Idee des Weinautomaten. Im Jahr 2002 brachte er den Enomatic® auf den Markt. Heute stehen die von seiner Firma laufend weiterentwickelten Dispenser in Enotheken, Restaurants und Flughäfen auf der ganzen Welt. Produziert werden sie jedoch nach wie vor in dem kleinen Ort Strada in Chianti. Dorthin pilgern die Fachleute. Auf den Weinliebhaber wartet hingegen Lorenzos Enothek. Mit einer dem eigenen Budget entsprechend aufgeladenen Magnetkarte wandert man von Etikett zu Etikett. Über 100 sind im Angebot.

Adresse Piazza delle Cantine 6, 50022 Greve in Chianti, Tel. +39/055/8546404, www.verrazzano.com | **Anfahrt** von Florenz auf der SR 222 Richtung Greve | **Öffnungszeiten** Mi–Mo 11–18 Uhr | **Tipp** Hochwertige Salami und Schinken verkauft die Metzgerei »Antica Macelleria Falorni« an der Piazza Giacomo Matteotti 66.

17__Corzano e Paterno

Wein und Käse aus einer Hand

Italien und Frankreich haben gastronomisch vieles gemein: eine international berühmte Küche, Weltklasseweine – und die Liebe zum Käse. Vielleicht rivalisieren beide Nationen gerade deshalb so oft miteinander. Gastro-Chauvinisten einmal ausgeklammert, ist man sich jedoch einig, dass in beiden Ländern Wein und Käse von höchster Güte sind. In der Toskana ist es vor allem Schafskäse, der den Ton angibt, seltener auch Käse aus Ziegen- oder Kuhmilch. Von der nördlichen Garfagnana bis zu der ans Latium grenzenden Maremma – toskanischer Käse ist auf jeden Fall eine Entdeckungsreise wert.

Eine solche Reise sollte man bei der Fattoria Corzano e Paterno beginnen. Das 1972 von dem Schweizer Architekten Wendelin Gelpke erworbene Gut produziert Olivenöl, Wein und Käse. Die Milch liefern die hauseigenen Schafe sardischer Abstammung. Anders als die autochthonen Rassen der nördlichen Toskana wurden diese in den 1960er Jahren eingeführt und haben sich seither bestens bewährt. Je nach Jahreszeit entstehen in der modernen Käserei mehr als ein Dutzend Sorten. Alle Käse verdanken ihren Geschmack allein der hervorragenden Qualität der Milch. Nur beim »Erbolino« werden noch Knoblauch, Petersilie und Chili zugesetzt, und beim »Zaffero« sind etwas Safran und grüner Pfeffer im Spiel.

Erfreulich ist, dass man die Käse gleich zusammen mit den Weinen probieren kann. Auf 300 Metern Höhe über dem Meer gedeihen die toskanischen Sorten Sangiovese, Canaiolo, Malvasia und Trebbiano, aber auch Cabernet Sauvignon und Merlot. Der Chianti DOCG Terre di Corzano passt gut zum frischen Pecorino, während man den Corzanello Bianco und Rosato durchaus nicht nur zum Fisch, sondern auch einmal mit dem Weißschimmelkäse Lingotto d'oro versuchen sollte. Zum Blu hingegen passt weder Weißwein noch gar tanninhaltiger Rotwein, sondern am besten der Passito, ein aus Trebbiano und Malvasia gekelterter Süßwein.

Adresse Via San Vito di Sopra, 50020 San Casciano in Val di Pesa, Tel. +39/055/8248179, www.corzanoepaterno.com | **Anfahrt** SGC Florenz–Siena, Abfahrt Bargino, 2,5 Kilometer auf der Via di Pergolato, rechts in die Via Malafrasca und wieder rechts in die Via San Vito di Sopra | **Öffnungszeiten** nach Vereinbarung | **Tipp** Für ein romantisches Abendessen zu zweit ist die »Osteria di Casa Chianti« in der Via Lucardese 82 in Certaldo die perfekte Wahl (Tel. +39/0571/669688).

18 Fattoria Selvapiana

Rufina ist anders

Die Fattoria Selvapiana liegt im Gebiet Rufina, einer der sieben Unterzonen des Chianti. Als 1984 dem Chianti die DOCG, die höchste Qualitätsstufe des italienischen Weinrechts, zuerkannt wurde, brachte das Rufina wenig ein. Mit seinen gerade mal 750 Hektar Weinland, am nordöstlichen Rand des 15.500 Hektar großen Anbaugebiets Chianti gelegen, erschien es vielen Weinfreunden als eine eher zweitrangige Zone. Dabei vergaß man völlig, dass dieses Gebiet bereits im Jahr 1716 in dem berühmten Dekret Großherzog Cosimos III. als eine der vier herausragenden Weingegenden der Toskana anerkannt wurde. Es waren aber vor allem auf geologische und klimatische Daten gestützte Stimmen, die früh die Einzigartigkeit des Rufina-Terroirs betonten. Luigi Veronelli, Italiens maßgeblicher Weinjournalist des vergangenen Jahrhunderts, riet deshalb, das Chianti-Konsortium zu verlassen und eine eigene Herkunftsbezeichnung »Rufina« aufzubauen.

Leider kam es dazu bislang nicht. Das hat bei Selvapiana freilich noch nie jemanden davon abgehalten, die Besonderheiten des Rufina-Terroirs im Glas abzubilden. In der Nachkriegszeit tat das der Besitzer des Weinguts Francesco Giuntini, und heute folgen ihm darin Silvia und Federico. Schwerpunkt ihrer Aktivitäten ist der seit 1979 aus Sangiovese gekelterte Einzellagenwein Bucerchiale. Er beinhaltet alles, was Rufina unverwechselbar macht, gleichsam seine Quintessenz: ein bei aller mediterraner Kraft extrem eleganter Wein, gestützt von einer zum Trinken animierenden feinziselierten Säure und langem Nachhall.

Derzeit arbeitet man daran, die Einheit des Gebiets gerade in der Vielfalt seiner Lagen sichtbar zu machen. Dafür steht der 1998 erworbene, sechs Hektar große Weinberg Erchi, aus dem man den gleichnamigen Sangiovese-Cru gewinnt. Er ist von erhabener Eleganz wie der Bucerchiale und doch anders. Auf jeden Fall aber unverkennbar Rufina.

Adresse Località Selvapiana, 50068 Rufina, Tel. +39/055/8316840, www.selvapiana.it | **Anfahrt** von Florenz auf der SP 34, nach der Arnoüberquerung auf die SS 67 Richtung Rufina, 150 Meter nach »Barnis Bar« rechts ab | **Öffnungszeiten** nach Vereinbarung | **Tipp** Zum Einkauf oder für ein leckeres *panino* mit einem Glas Wein sollte man bei der »Bottega a Rosano« in der Via Primo Maggio 10 in Rignano sull'Arno vorbeischauen (Tel. +39/055/8303013).

19 Il Rio

Spätburgunder aus dem Mugello

Das Weingut Il Rio liegt im Mugello. Freunde des Motorsports denken dabei an die berühmte gleichnamige Rennstrecke, Küchenmeister an die für ihre Messer berühmte Stadt Scarperia und geschichtsinteressierte Zeitgenossen an die Medici-Villa Cafaggiolo. Aber Wein aus dem Mugello? Sie werden überrascht sein, die Stunde Autofahrt von Florenz zu dem kleinen Weingut abseits des Mainstreams lohnt sich.

Il Rio ist Mitglied in der Winzervereinigung FIVI. Der Verein vertritt Weinbauern, die vom Weinberg bis zur Abfüllung in der Flasche noch alle Phasen der Herstellung selbst in die Hand nehmen – Weinhandwerker sozusagen. Das ist heute durchaus nicht mehr selbstverständlich. Man denke nur an die riesigen Mengen Trauben, die an Großbetriebe verkauft werden, oder an Weine, die an Abfüller gehen. 1.500 italienische Winzer zählen heute zur FIVI. Ein kleines Männchen, das einen Lesekorb schultert, ist ihr beredtes Logo. Paolo Cerrini, der Besitzer des Weinguts Il Rio, ist ein typischer Vertreter dieser Weinhandwerkerzunft. Der ehemalige Goldschmied aus Florenz kaufte sich in den 1980er Jahren ein kleines Landhaus im Mugello. Marco de Grazia, Weinexporteur und Winzer am Ätna, riet ihm, Spätburgunder anzubauen. Paolo, der vom Weinbau anfangs keine Ahnung hatte, folgte dem Rat seines Freundes. Jedes Jahr brachte er ihm seinen Pinot Nero alias Spätburgunder zur Begutachtung. Regelmäßig landete der Wein im Ausguss. »Untrinkbar«, lautete das Urteil. Das ging so weiter – bis 1996. Von diesem Jahrgang war Marco begeistert. »Einer der besten Spätburgunder Italiens!«, meinte er. Das machte Paolo Mut, und gemeinsam mit seiner Frau Manuela ging er die Sache mit der Präzision eines Goldschmieds an. Der Spätburgunder-Experte Franz Haas und viele andere Kollegen standen ihm mit Rat zur Seite. So entstand der »Ventisei«, Vorreiter einer äußerst spannenden Spätburgunder-Kultur. Im Mugello.

Adresse Via di Padule 131, 50039 Vicchio di Mugello, Tel. +39/055/8407904, www.ilriocerrini.it | Anfahrt von Florenz auf der SR 302 Richtung Borgo San Lorenzo, dort auf die SP 551 Richtung Vespignano | Öffnungszeiten nach Vereinbarung | Tipp Ein weiteres FIVI-Weingut ist die Fattoria Pomona in Castellina in Chianti (Località Pomona 39, Tel. +39/333/2314144).

20 La Locanda di Pietracupa

Harmonie von Wein und Speise

Eine harmonische Kombination von Wein und Speise kann manchmal eine recht verzwickte Sache sein. In Italien mit seinen schier unzähligen Rebsorten, Weinstilen und Klimazonen und den ebenso vielfältigen lokalen Gerichten und Zutaten sind die Kombinationsmöglichkeiten so zahlreich, dass man sich gern fachkundigem Rat anvertraut. In der Locanda di Pietracupa geht man da auf Nummer sicher.

Das liebevoll restaurierte Lokal wurde im Jahr 2000 von zwei Paaren eröffnet: Monika und Franca regieren in der Küche, ihre Männer Massimiliano und Luca bedienen im Speisesaal. Die Küche ist kreativ und verwendet das Beste, was sich an Zutaten entlang des italienischen Stiefels finden lässt. Die Verwurzelung in der toskanischen Tradition geht dabei nicht verloren. Daraus resultieren genau aufeinander abgestimmte Zutaten, die auch farblich harmonieren. Dazu verfolgen die vier eine ebenso einfache wie erfolgreiche Strategie: Bevor ein neues Gericht auf die Karte kommt, wird es von allen gemeinsam probiert, kritisiert und so lange verändert, bis jeder zustimmt.

Der Sorgfalt in der Küche entspricht die Weinkarte. Ihr Herz pocht unverkennbar toskanisch mit einer breiten Auswahl hervorragender Etiketten. Besonders schön, dass auch viele ältere Jahrgänge zu fairen Preisen dabei sind. Aber dann geht es mit Sachkunde in weitere Regionen, nach Süden und Norden. Ausflüge in andere Weinländer wären bei solcher Vielfalt und Qualität eigentlich nicht nötig, aber wer nach Abwechslung sucht, findet auch diese. Ein besonderes Lob verdient die Vielfalt an Süßweinen, die nicht nur in Flaschen, sondern auch glasweise angeboten werden – in harmonischer Partnerschaft mit verführerischen Desserts. Wer möchte, kann vor oder nach dem Essen auf bequemen Sesseln im Garten Platz nehmen. Der richtige Wein zur herrlichen Aussicht auf die Hügel des Chianti Classico ist rasch gewählt.

Adresse Strada Pietracupa 31, 50028 Madonna di Pietracupa, Tel. +39/055/8072400, www.locandapietracupa.it | **Anfahrt** SGC Florenz – Siena, Abfahrt San Donato, auf der SP 101 Richtung Castellina in Chianti | **Öffnungszeiten** täglich 12.30 – 14.30 und 19.30 – 21.30 Uhr | **Tipp** Ganz in der Nähe, in der Strada Sicelle in der Località Le Filigare in San Donato in Poggio, liegt das empfehlenswerte Weingut »Le Filigare« (Tel. +39/055/8072796).

21 Monte Bernardi

Back to the roots

Wo entsteht guter Wein? Im Keller, lautete die Antwort der 1990er Jahre. Önologische Wundermittel – von speziellen Gärhefen über Thiaminium-Dichlorhydrat bis hin zu Bentonit, Filtrierung und anderen technischen Eingriffen – versprachen, auch mäßige Moste in akzeptable Weine zu verwandeln. Um die Jahrtausendwende verschob sich die Diskussion dann von der Kellertechnik hin zur Arbeit im Weinberg. Einst harte Fronten zwischen konventionellen, auf Rebenernährung und Schädlingsbekämpfung setzenden Winzern und der Bio-Fraktion, die sich auf die Gesunderhaltung der Böden konzentrierte, haben sich mittlerweile stark angenähert. Dass Reben gesunde, lebendige Böden brauchen und guter Wein entscheidend davon abhängt, stellt heute kaum jemand mehr ernstlich in Frage.

Weit weniger kümmerte man sich damals jedoch um eine sorgfältige Wahl der Unterlagsreben. Dabei handelt es sich um Wurzelstöcke, auf welche Edelreiser europäischer Rebsorten gepfropft werden, um deren Anfälligkeit für die allseits gefürchtete Reblaus zu verringern.

Als der Deutschamerikaner Michael Schmelzer 2003 Monte Bernardi kaufte, verwendeten nahezu alle seine Nachbarn die 420 A, eine berühmte Unterlagsrebe, die allerdings weniger tief wurzelt als die 110 Richter, die er in seinen Weinbergen vorfand. Durch Beobachtung kam er zu dem Schluss, dass sie die richtige für seine Böden und die auf ihnen gedeihenden Reben ist. Der Erfolg hat ihm recht gegeben. Im Dürrejahr 2017 standen seine tief wurzelnden Reben den Trockenstress weit besser durch als andere. Sein »Retromarcia« (Rückwärtsgang) genannter Chianti Classico schmeckte deshalb frischer und harmonischer als andere Weine der Gegend. Der Name ist Programm. Michael, der an der australischen University of Adelaide studiert hat, ist mit allen Mitteln des modernen Weinbaus vertraut, glaubt aber, dass so manches, was einst veraltet schien, eine große Zukunft hat.

Adresse Via Chiantigiana, 50020 Panzano, Tel. +39/055/852400, www.montebernardi.com | **Anfahrt** von Florenz auf der SR 222 nach Panzano, nach dem Ort 3,7 Kilometer in Richtung Castellina in Chianti | **Öffnungszeiten** nach Vereinbarung | **Tipp** Unweit von hier, in der Località San Leolino 89, liegt das Spitzenweingut »Fontodi« (Tel. +39/055/852005).

22 Museo del fiasco toscano

700 Jahre toskanische Weinkultur

Einst standen die bastumflochtenen, bauchigen Flaschen in jeder Studentenkneipe. Auch wenn ihr Inhalt, der Chianti, schon lange ausgetrunken war, blieben sie ein Synonym für Süden, Sonne und Heiterkeit und inspirierten Evergreens wie Gerhard Winklers berühmtes Chianti-Lied. Keine andere Weinflasche hat je einen ähnlichen Bekanntheitsgrad und Kultstatus erlangt. Ihr offizieller Name lautet *fiasco toscano*, und ihr ist dieses einzigartige Museum gewidmet.

Museen errichtet man in der Regel freilich erst dann, wenn es um eine Sache schlecht bestellt ist. Es gibt ihn zwar noch, den Fiasco, und 2012 hat das bedeutende Weingut Ruffino sogar eine Neuauflage gewagt. Unwahrscheinlich jedoch, dass die scheinbar zeitlose Flaschenform je wieder ihre frühere Verbreitung finden wird. 40 Millionen davon wurden einst jährlich erzeugt. Zu ihrer Umhüllung verwendete man ein *sala* genanntes Sumpfgras. Das professionelle Flechten lag in den Händen von Frauen, den mehr als 7.000 *fiascaie*. Ihre aufwendige Arbeit schützte die Flaschen und wirkte als natürliche Kühlung. Während der Feldarbeit wurden die Flaschen in einen kleinen Bach oder Kanal gelegt, wodurch sich die *sala* mit Wasser vollsog. Bis zur Pause blieb der Wein dann durch Verdunstung des Wassers frisch.

Das Museum bietet dem Besucher eine nahezu lückenlose Chronologie des Fiasco seit seinen Anfängen. Wo die genau liegen, ist freilich schwer auszumachen – wahrscheinlich irgendwo im 13. Jahrhundert. Boccaccio erwähnt den Fiasco mehrmals in seiner Novellensammlung »Dekameron«. Die älteren Exponate des Museums sind Reproduktionen, aber stets gestützt auf präzise Angaben. Vor allem in der Malerei wurde der Fiasco immer wieder dargestellt: von Ghirlandaio und Botticelli bis hin zu Caravaggio und Guttuso. Dies allein verweist bereits auf seine große und vor allem anhaltende Bedeutung für die toskanische Weinkultur.

Adresse Piazza Serafini, 50056 Montelupo Fiorentino, Tel. +39/0571/913339, E-Mail: info@pubblicaassistenzamontelupo.it | **Anfahrt** SGC Florenz–Pisa–Livorno, Abfahrt Montelupo, Parkmöglichkeiten an der Piazza della Torre Lunga, Museum im Turmgebäude | **Öffnungszeiten** nach Vereinbarung | **Tipp** Im »Museo della vite e del vino« in der Viale Duca della Vittoria 7 in Rufina kann man sehen, wie die Fiaschi bis in schwindelerregende Höhe auf Ochsenkarren geladen wurden.

23__Osteria La Saletta

Weinfreuden in der Zwiebelstadt

Das über dem Elsatal gelegene Certaldo ist ein kleiner Ort. Im Mittelalter war es jedoch ein strategisch wichtiges Glied in der Verteidigungskette, welche die ghibellinischen Herzöge Alberti gegen das welfische Florenz errichtet hatten. In der bis heute gut erhaltenen Oberstadt lebte der Dichter Giovanni Boccaccio. Wie es sich für einen guten Toskaner gehört, spielten Essen und Trinken für ihn eine große Rolle. Dass er aber in seiner Novellensammlung »Dekameron«, immerhin ein Klassiker der Weltliteratur, die Zwiebel als ortstypisches Produkt rühmt und einen Mönch gar als Bruder Cipolla (Zwiebel) vorstellt, mag einem zunächst etwas seltsam erscheinen. Für die Bewohner Certaldos ist die Zwiebel jedoch ebenso identitätsstiftend wie das literarische Erbe Boccaccios. In Certaldo ziert sie gar das Stadtwappen, und jedes Jahr gegen Ende August huldigt man der »cipolla di Certaldo«, einer rotvioletten lokalen Varietät, mit einem einwöchigen Fest.

Zwiebelbegeisterung herrscht auch in der Osteria La Saletta, einem seit rund 30 Jahren von Giampiero Niccolini geführten Lokal in der Unterstadt. Baustein vieler Gerichte, triumphiert sie in seiner viel gerühmten, durch Käse abgerundeten »zuppa di cipolle«. Die aromatische Suppe schmeckt hervorragend mit dem offen ausgeschenkten Chianti Colli Senesi des Weinguts Poggio Alloro. Mit einer Flasche Chianti Classico ist man schon eher in der Oberliga, aber das passt dann auch zu den leckeren Hauptgerichten wie Wildschwein nach Maremma-Art oder Rinderfilet mit Wacholder, Rosmarin und Lorbeer.

Giampiero macht kein Geheimnis aus seiner Schwäche für Bolgheri-Weine, doch beeinträchtigt dies in keiner Weise seine Empfehlungen. Seine mehr als 800 Etiketten umfassende Weinkarte ist regional flächendeckend, durchdacht und perfekt abgestimmt auf die lokaltypischen Gerichte des Hauses. Ein regelrechter Schmöker für Weinfreunde.

Adresse Via Roma 4, 50052 Certaldo, Tel. +39/0571/668188, www.osterialasaletta.com | **Anfahrt** SGC Florenz–Pisa–Livorno, Abfahrt Empoli, weiter auf der SR 429 Richtung Certaldo | **Öffnungszeiten** täglich 12–14.30 und 19.30–21.30 Uhr | **Tipp** Zwiebel-Konfitüre aus Certaldo verkauft die Kochschule »Cucina Giuseppina« in der Via del Castello 34 (Tel. +39/388/0402032).

24 Piandaccoli

Renaissance historischer Rebsorten

Heutige Weintrinker haben es gut. Nie zuvor in der Geschichte gab es ein unserem Kenntnisstand vergleichbares Wissen über Weinbau und Kellertechnik. In keiner Epoche hatte der Weinfreund eine so große, ja weltumfassende Auswahl wie heute, und unsere auf bestmöglichen Trinkgenuss hin entwickelten Weinkühlschränke, Gläser und Dekanter standen einst nicht einmal Königen zur Verfügung. Dennoch fehlt etwas: die Rebsorten vergangener Zeiten.

Trotz erfolgreicher Neuzüchtungen ist die Artenvielfalt im Weinberg heute geringer als ehedem. Die Reblaus-Katastrophe des 19. Jahrhunderts bildete den dramatischsten Einschnitt. Doch schon zuvor gingen zahlreiche Varietäten verloren. Gründe waren meist deren schwierigere Bearbeitung im Weinberg, geringere Erträge, ein zu früher Austrieb oder verspätete Reife. Nicht immer lag dies jedoch an den Rebsorten selbst. Andere Umweltbedingungen, Konsumvorlieben und vor allem mangelndes Wissen der Winzer verdrängten auch an sich bewahrenswerte Traubenarten.

Ein Beispiel dafür ist die Rebsorte Barsaglina, um deren Erhalt sich Giampaolo Brunis Weingut Piandaccoli bemüht. Früher standen aus Barsaglina gekelterte Weine im Ruf, faulige Duftnoten zu entwickeln. In Wirklichkeit, meint Giampaolo, sei es jedoch schlichtweg mangelnde Kenntnis im korrekten kellertechnischen Umgang mit dieser dünnhäutigen Sorte gewesen. Ähnliches gilt auch für die Rebenart Foglia Tonda.

Heute weiß man, dass sie in Weinbergen mit Kordon mit Zapfenschnitt geringere Erträge, aber eine weit bessere Qualität ergibt als bei anderen Erziehungsformen. Weitere Raritäten wie Pugnitello, Sanforte und Mammolo ergänzen Piandaccolis Angebot an sortenreinen Weinen aus historischen Rebsorten. Der Bogen spannt sich von dem tiefgründigen und feinen Foglia Tonda bis hin zu einem lachsfarben leuchtenden, aus Mammolo-Trauben gewonnenen Charmat-Sekt.

Adresse Via di Piandaccoli 7, Località Malmantille, 50055 Lastra a Signa, Tel. +39/055/0750005, www.piandaccoliwine.com | **Anfahrt** SGC Florenz–Pisa–Livorno, Abfahrt Ginestra Fiorentina, weiter auf der SP 12 Val di Pesa | **Öffnungszeiten** nach Vereinbarung | **Tipp** Gute Küche mit großer Weinkarte zu kleinen Preisen findet man bei »I Palmenti« in der Via della Pesa 67 in Montelupo Fiorentino (Tel. +39/0571/913326).

25 Querciabella

Vegane Spitzenweine

Am Anfang stand Justus von Liebig. Der Begründer der Agrarchemie lieferte den Nachweis, dass das Wachstum von Pflanzen durch Stickstoff, Phosphate und Kalium gefördert wird. Das war eine große wissenschaftliche Leistung. Schon bald aber bemerkten Praktiker die Schattenseiten dieses Ansatzes. Die mineralgedüngten Böden laugten schnell aus und verlangten nach immer höheren Zugaben, die Pflanzen wurden anfälliger für Krankheiten. Böden, lernte man, sind mehr als ein bloßes Substrat, das Pflanzen wurzeln lässt und Wasser und Mineralstoffe aufnimmt. Sie sind komplexe lebendige Systeme, die es zu erhalten gilt. Diese Ansicht wird von heutigen Winzern weithin geteilt.

Es bleibt hingegen die Frage, bis zu welchem Grad man seine Arbeit dem anpassen möchte. Bio-Winzer verzichten auf chemischen Dünger, lassen aber Pflanzenschutz mit kupferhaltigen Spritzmitteln zu. Biodynamiker wiederum vertrauen vor allem auf die vorbeugend stärkende Wirkung von sogenannten Präparaten, bei denen neben pflanzlichen und mineralischen auch tierische Substanzen verwendet werden.

Das lehnen Veganer ab. Der Vorreiter des veganen Weinbaus in Italien ist Sebastiano Cossia Castiglioni. Der Aktivist für Tierrechte hat dem von seinem Vater übernommenen Gut Querciabella im Jahr 2010 eine vegane Ausrichtung vom Weinberg bis zum Keller verpasst. Der ethisch motivierte Verzicht auf tierische Präparate hat die Qualität der Weine nicht beeinträchtigt. Das auf Einklang mit der Natur bedachte Gut erzeugt sehr differenzierte, fein gewebte und harmonische Weine mit klarem Terroir-Charakter. Hervorragende Beispiele dafür sind der sortenreine Chianti Classico des Hauses und der aus 70 Prozent Cabernet Sauvignon und 30 Prozent Sangiovese gekelterte »Camartina«. Ein regelrechtes Meisterstück ist der auf Chardonnay und Weißburgunder beruhende »Batàr« – ohne Zweifel einer der großen Weißweine Italiens.

Adresse Via di Barbiano 17, 50022 Greve in Chianti, Tel. +39/055/85927777, www.querciabella.com | Anfahrt von Greve in Richtung Panzano, kurz hinter Greve links ab Richtung Ruffoli | Öffnungszeiten nach Vereinbarung | Tipp Schon die atemberaubende Terrasse des feinen »Ristoro di Lamole« in der Via di Lamole 6 ist einen Umweg wert (Tel. +39/055/8547050).

26 Tenute del Cabreo

Paradiesisches Wohnen inmitten von Reben

Die 1980er Jahre des vergangenen Jahrhunderts waren entscheidend für die Entwicklung des toskanischen Weins. In dieser Zeit erlebte er eine rasante Modernisierung und Internationalisierung. Innovative Techniken, ein moderner Weinstil und neue Märkte traten damals neben Altbekanntes und Gewohntes. So etwas gibt leicht Anlass zu Streit, und der zwischen Modernisten und Traditionalisten dauert bis heute an. Das Ganze begann mit Antinoris Wein »Tignanello«, dem ersten Supertuscan. In seinem Fahrwasser wurde sogleich munter experimentiert. Eines der gelungensten Beispiele dafür ist der »Cabreo« aus dem Weingut Tenute del Cabreo der Familie Folonari. Neben dem alteingesessenen Sangiovese enthält er Anteile von Cabernet Sauvignon und Merlot. Vinifiziert wird er im Stahl und reift dann 18 Monate lang im kleinen französischen Eichenfass. Die Sangiovese-Traube liefert Eleganz und territoriale Bodenhaftung, der Cabernet Sauvignon fügt Kraft und der Merlot eine weiche Abrundung hinzu. Mit kreativen Weinen wie diesem eroberte die Toskana rasch Weinliebhaber auf der ganzen Welt.

Ohne die toskanische Kulturlandschaft, in der diese Weine entstehen, wäre ihr beispielloser Erfolg aber undenkbar. Um sie war es in den 1970er Jahren nicht gerade gut bestellt. Verlassene Bauernhäuser, eingestürzte Trockenmauern und veraltete Weinkeller boten ein tristes Bild. Erst das Engagement von Winzerfamilien wie den Folonari hat den Wiederaufbau dieser Bilderbuchlandschaft ermöglicht.

Einen konzentrierten Eindruck davon, was ein stilsicherer Geschmack und ein sensibler Umgang mit der Landschaft und ihren Gebäuden bewirken können, erhält man in den beiden liebevoll restaurierten Ferienresorts der Tenute del Cabreo. Mit einem Glas in der Hand blickt man von der alten Steinterrasse auf Reben, Olivenbäume und das malerische Dörfchen Montefioralle. Willkommen in der Toskana, willkommen im Paradies.

Adresse Via Montefioralle Case sparse 9, 50022 Greve in Chianti, Tel. +39/055/3985032, www.borgodelcabreo.it | Anfahrt von Greve in Richtung Florenz, nach der Tankstelle links, rechts in die Via di Colognole und sofort links in die Via di Zano | Öffnungszeiten nach Vereinbarung | Tipp Gleich hinter Panzano befindet sich an der SR 222 der »Cecchini Panini Truck«. Hier gibt es hochwertige *panini* mit phantastischem Blick über die Weinberge.

27_Antonio Camillo

Ciliegiolo – vom Schatten ins Rampenlicht

Ciliegiolo ist eine in der Toskana gängige Rebsorte. Selten jedoch wird sie sortenrein verwendet. Meist findet man Ciliegiolo als bloßen Sparringspartner in Sangiovese-Weinen. Dafür gibt es gute Gründe: Ein Verschnitt mit Ciliegiolo verändert kaum das geschmackliche Profil eines Sangiovese. Das für beide Rebsorten typische Kirscharoma ist die sensorische Klammer, die eine Verbindung nahelegt. Vor allem aber lässt sich mit den hohen pH-Werten des Ciliegiolo die markante Säure vieler Sangiovese geschickt ausgleichen.

In der Vergangenheit entstanden Cuvées aus den beiden Rebsorten nicht selten unwissentlich. Dem Rebenforscher Ian D'Agata zufolge wurde Ciliegiolo auf Grund morphologischer Ähnlichkeiten häufig mit Sangiovese verwechselt. Erst die agronomischen Eigenschaften beider Sorten verdeutlichen den Unterschied. So verträgt Ciliegiolo Hitze und Trockenstress weit besser als Sangiovese, hat allerdings weniger Säure und ist anfällig für Botrytisbefall. Sein idealer Standort ist heiß und trocken, mit guter Abkühlung in der Nacht. Damit ist klar, warum sich Ciliegiolo vor allem in der südlichen Maremma, in den höher gelegenen Hügeln zwischen Scansano und Pitigliano, bestens bewährt hat.

Meisterliche Ciliegiolo-Weine macht Antonio Camillo. Sein unweit des hübschen Montemerano gelegener Weinkeller ist funktionell, ohne Schnörkel. Einen glamourösen Verkostungsraum sucht man hier vergeblich. Zu Antonio fährt, wer die idealtypische Kombination aus Passion und Winzertalent sucht. Über 30 Jahre Arbeit von ganz unten bis ganz oben an die Qualitätsspitze. Schon sein »Principio« genannter Basis-Ciliegiolo ist verführerisch. Der aus über 60 Jahre alten Reben gewonnene Einzellagenwein »Vallerana Alta« zeigt dann aber wirklich, was alles in dieser Rebsorte steckt. Probieren Sie ruhig auch Antonios Procanico und Vermentino. Dem Ciliegiolo sind Sie nun ohnehin verfallen.

Adresse Località Pianetti di Montemerano, 58014 Manciano, Tel. +39/339/1525224 | **Anfahrt** von Grosseto auf der E 80, Abfahrt Albinia, auf der SR 74 bis Manciano, dann weiter auf der SP 195 | **Öffnungszeiten** nach Vereinbarung | **Tipp** Gleich um die Ecke liegt die »Trattoria Verdiana« (Località Ponticello, Tel. +39/0564/602576).

28 Bar Le Stiacciole

Die Bar als Ort der Trinkkultur

Seamus hat ein Problem. Wenn er etwas trinken will, schreibt Heinrich Böll in seinem »Irischen Tagebuch«, »muß er sich wohl überlegen, für wann er sich seinen Durst bestellt«. Seamus' Problem heißt Sperrstunde. Nur selten harmoniert diese mit dem eigenen Durst. Hieße Seamus hingegen Marco, hätte er keinen Grund zur Sorge. Vom frühen Morgen bis spät in die Nacht könnte er auf ein Gläschen bei seiner Bar vorbeischauen.

Die Wurzeln der italienischen Bar liegen in den römischen *tabernae*, diesen segensreichen Einrichtungen, die Reisende mit einem aufmunternden Schluck versorgten. Im Mittelalter hießen sie Taverne, das Prinzip änderte sich jedoch kaum. Für Florenz ist in dieser Zeit ein Pro-Kopf-Verbrauch von mehr als einem Liter Wein am Tag belegt. Selbst Krankenhäuser hielten immer einen ausreichenden Vorrat bereit. Dieses System einer engmaschigen Grundversorgung mit Wein machte allerlei Wandlungen durch und erlebte so manche Neuerung.

Ob Alessandro Manaresi in Florenz wirklich der erste Barista war, ist umstritten. Unbestritten ist, dass sich die Bar seither zu einer Institution entwickelt hat, welche die Trinkkultur Italiens geradezu archetypisch repräsentiert. Vier Dinge machen sie aus: Eine Bar gibt es erstens noch in dem abgelegensten Winkel. Zweitens ist sie praktisch immer offen, und drittens bekommt man dort nicht nur Bier, sondern das ganze Spektrum des Alkohols. Das vierte Element aber ist das wichtigste: In einer Bar trinkt man nicht allein, zum Vergessen, sondern in Gesellschaft, aus Freude, sich mit anderen zu treffen.

Die von Roberto und Francesca geführte Bar »Le Stiacciole« ist ein perfektes Beispiel. Machen Sie hier unbedingt halt, auch wenn es einen Umweg bedeutet. Die sorgfältig zusammengestellten Etiketten zeigen: Wein ist eine von beiden gelebte Alltagspassion. Faire Preise und eine doppelte Portion Herzlichkeit gibt es obendrein.

Adresse Via Scansanese 487, 58100 Istia di Ombrone, Tel. +39/0564/409007 | **Anfahrt** von Grosseto auf der SP 159 Richtung Istia di Ombrone | **Öffnungszeiten** täglich 4.30–21.30 Uhr | **Tipp** Große Aufmerksamkeit gegenüber den Gästen pflegt man in der »Locanda di Torquato« in der Via del Corso 10 in Montorgiali (Tel. +39/331/7640822).

29 Vignaioli di Scansano

Soziale Nachhaltigkeit im Weinbau

Winzergenossenschaften gibt es in vielen Weinländern. Bei den ersten Gründungen am Ausgang des 19. Jahrhunderts stand der Schutzgedanke im Vordergrund. Vielen Kleinbetrieben fehlte das Kapital für einen eigenen Keller, sodass sie gezwungen waren, ihre Trauben an Händler zu verkaufen. Weintrauben sind jedoch ein verderbliches Gut, weshalb sie der Preisdrückerei des Handels meist schutzlos ausgeliefert waren. Erst durch den Zusammenschluss mit anderen Winzern wurden aus individuellen Traubenproduzenten kollektive Weinproduzenten. Die Zeit ungleicher Verhandlungsmacht war vorbei.

Auch wenn sich die Lage der meisten Winzer in der Zwischenzeit deutlich verbessert hat, liegen die Vorteile kooperativen Handelns nach wie vor auf der Hand. Eine gemeinsame Nutzung von Maschinen, Personal und Gebäuden optimiert die Betriebskosten. Auch deshalb haben Winzergenossenschaften in den meisten europäischen Weinländern noch heute eine große Bedeutung. In Italien werden mehr als die Hälfte aller Trauben von Genossenschaften erzeugt.

Mit 700 Hektar Rebfläche, 170 Winzern und einer Gesamtproduktion von fünf Millionen Flaschen im Jahr liegt die Genossenschaft der Vignaioli di Scansano im oberen Mittelfeld. Wie Größe mit Qualitätsstreben harmonieren kann, zeigt sich an ihren Weinen, aber auch an den zahlreichen Initiativen, mit denen sie die Nachhaltigkeit ihrer Produktion verbessern. Gerade ihre Fähigkeit zu kapitalintensiven Investitionen befördert eine intensive Zusammenarbeit mit Universitäten und Unternehmen im Bereich Umwelttechnologie.

Nachhaltigkeit hat jedoch auch eine soziale Dimension, und so sorgt ein Programm der Genossenschaft dafür, dass ihre kinderlosen Winzer sorgenfrei dem Ruhestand entgegensehen können. Ihre Weinberge werden von den aktiven Kollegen weiter betreut, und sie können in ihren Landhäusern wohnen bleiben. Ein ökologischer und sozialer Vorzeigebetrieb.

Adresse Strada Comunale del Saragiolo, 58054 Scansano, Tel. +39/0564/507288, www.vignaiolidiscansano.it | **Anfahrt** von Grosseto auf der SP 159 Richtung Scansano, 3. Ausfahrt im Kreisel am Ortseingang | **Öffnungszeiten** Mo–Fr 8.30–13 und 14.30–18 Uhr, Sa 8.30–13 Uhr | **Tipp** Eine schöne Auswahl an lokalen Weinen – auch glasweise – bietet die »Enoteca Scansanese« in der Via XX Settembre 15 mitten im Ortszentrum (Tel. +39/0564/507263).

30 Le Mortelle

Funktionelle Schönheit

Mortelle ist ein dem Neapolitanischen entstammendes Wort. Gemeint sind damit Myrten, ein immergrüner Strauch, dessen weiße Blüten an warmen Frühlingstagen einen betörenden Duft verströmen. Auf sandigen Böden können sie ein beachtliches Alter erreichen. Im Botanischen Garten von Pisa steht ein 1815 gepflanztes Exemplar, es erfreut sich bis heute bester Gesundheit. Wie kaum ein anderer Strauch symbolisieren Myrten den kulturellen Raum des Mittelmeers. In der griechischen Antike war die Myrte Aphrodite geweiht, der Göttin der Liebe und der Schönheit, und dem Dichter Ovid zufolge bedeckte auch ihre römische Kollegin Venus ihre Scham mit einem Myrtenzweig.

Wie dem auch sei, der dreistöckige Keller des Weinguts Le Mortelle, den das Florentiner Architekturbüro Hydea tief in der Erde versenkt hat, ist jedenfalls ein Musterbeispiel für funktionelle Schönheit. Italienisches Design steht hier im Dienst modernster Weinherstellung. Durch die vertikale Anlage nutzt man die Schwerkraft für den Transport des Rebensaftes. Energiefressende Pumpen sind damit überflüssig. Den Windungen einer Tritonmuschel gleich führt die im Zentrum des zylindrisch angelegten Weinkellers platzierte Wendeltreppe von der Empfangshalle für die gelesenen Trauben über die Edelstahltanks des Vinifikationsbereichs hinab zum letzten Stockwerk, zum Allerheiligsten vieler moderner Weingüter, dem Barriquekeller. Hier, inmitten der Fässer, kann man in einem mit Glas abgeschirmten Raum zum Abendessen bleiben. Die einmalige Atmosphäre dieser VIP-Lounge hat natürlich ihren Preis, aber auch im oberirdischen Gastraum oder auf der Terrasse erwarten einen leckere toskanische Antipasti und kleine Gerichte in schönem Ambiente. Dazu passen dann auch hervorragend die aus Cabernet Sauvignon und Cabernet Franc gekelterten Rotweine des Hauses oder der frische, aus Vermentino, Ansonica und Viognier gewonnene Weiße.

Adresse Località Ampio, 58043 Castiglione della Pescaia, Tel. +39/0564/944003, www.antinori.it | **Anfahrt** von Pisa auf der E 80, Abfahrt Gavorrano, auf der SP 152 und der SP 123 bis zum Weingut | **Öffnungszeiten** Mo–Fr 10.30–18 Uhr | **Tipp** Die »Osteria del Mare« in der Via 4 Novembre 15 ist die erste Adresse der Gegend (Tel. +39/0564/934763).

31 Salustri

Die feinen Unterschiede des Sangiovese

Über zehn Prozent der Rebfläche Italiens sind mit Sangiovese bestückt. Seine weiteste Verbreitung hat er in der Toskana gefunden. Ein Blick auf die Karte zeigt, dass sich die berühmte Traubenart vor allem in der Mitte der Region ausgebreitet hat: von Carmignano im Norden über das Chianti Classico im Zentrum bis Montalcino und Scansano im Süden. Auch in geografischer Hinsicht ist der Sangiovese also das Rückgrat toskanischer Weinproduktion. Trotz unterschiedlicher lokaler Bezeichnungen wie Sangioveto, Brunello, Prugnolo Gentile, Morellino und anderer mehr handelt es sich immer nur um sogenannte Biotypen des Sangiovese: kleine morphologische und önologische Unterschiede innerhalb derselben Rebsorte.

Diese Einheit in der Vielheit kommt den Winzern gelegen. Sie erlaubt es, ein für den Weintrinker wiedererkennbares Profil mit ortsspezifischen Unterschieden in Farbe, Duft und Geschmack zu kombinieren und ihren Weinen damit eine lokale Identität zu verleihen. Einige Weingüter wie Biondi Santi oder Col d'Orcia gingen dabei noch einen Schritt weiter. Sie wählten aus ihren Reben einen besonders geeigneten Biotyp aus und reproduzierten diesen durch vegetative Vermehrung, sozusagen als betriebseigenen Klon.

Auch das Weingut Salustri schlug diesen Weg ein. In Zusammenarbeit mit der Universität Pisa entdeckte man einen besonders vielversprechenden Klon. Dieses Ergebnis kam zur rechten Zeit. Das Gut liegt in dem jungen, noch wenig bekannten Qualitätsweingebiet DOCG Montecucco Sangiovese. Hier, im Schatten des ehemaligen Vulkans Monte Amiata, bestehen beste Bedingungen für eigenständige, finessenreiche Sangiovese-Weine. Man braucht dazu freilich ein auf das lokale Klima und den Boden zugeschnittenes Rebmaterial. Wie der aus dem Salustri-Klon gewonnene Einzellagenwein »Grotte Rosse« beweist, ist das großartig geglückt. Ein unverwechselbares Meisterstück der Winzerkunst.

Adresse Località La Cava 5, 58044 Cinigiano, Tel. +39/0564/990529, www.salustri.it | Anfahrt von Siena auf der SS 223, Abfahrt Paganico Nord, auf die SP 7, in Sasso Ombrone auf die SP 114 | Öffnungszeiten nach Vereinbarung | Tipp Wenige Kilometer entfernt, in der Località Poggio del Sassoc, befindet sich das Weingut Colle Massari (Tel. +39/0564/990496).

32 Tenuta Ammiraglia

Zu Gast bei den Landbaumeistern

Traumstraßen gibt es in der Toskana viele. Eine der schönsten führt zum Weingut Ammiraglia der Familie Frescobaldi. Immer wieder hält man an, um das Panorama zu genießen. Hin und her wandert der Blick. Ein einzelner Baum, Steinhäuser, Olivenhaine und Reben, am Hügelkamm eine kleine Stadt – einfach alles am richtigen Platz, eine scheinbar natürliche Ordnung. Scheinbar, denn man sollte dabei nicht übersehen, dass diese Landschaft eine durch und durch geschaffene Kulturlandschaft ist. Nicht unbedeutend vielleicht, dass das lateinische Wort *cultura* zunächst schlicht »Landbau« bedeutete. Die menschliche Hand ist also von Anfang an dabei. Steinmauern mussten erst aufgerichtet, Wege gebahnt und Sümpfe in Ackerland verwandelt werden, bevor Landbau möglich wurde und bleibt. Denn der harmonische Ausgleich zwischen Mensch und Natur ist immer vorläufig, prekär und von jeder Generation neu zu schaffen.

Das ist den Frescobaldis bewusst. Daher lautete der Auftrag an die Architekten Piero Sartogo und Nathalie Grenon, das Weingut sanft in die Landschaft einzufügen. Das ist meisterhaft gelungen. Untrügliches Kennzeichen dafür ist, dass man das Weingut erst dann erblickt, wenn man bereits angekommen ist. Trotz seiner beachtlichen Dimensionen liegt nichts auftrumpfend Barockes in dem an ein riesiges Segelschiff erinnernden Bau. Vielmehr scheint er sich geradezu an die Linie der umgebenden Hügel anzuschmiegen, ohne sich jedoch zu verstecken.

Die Frescobaldis kommen von weit her. Bereits im Mittelalter waren sie als Stoffhändler und Bankiers unterwegs. Als Mäzene pflegten sie freundschaftlichen Umgang mit Künstlern und Architekten wie Donatello, Brunelleschi, Michelangelo oder Artemisia Gentileschi. Auch den Weinbau betreiben sie schon ein Weilchen – seit über 700 Jahren. Der aus Syrah und Vermentino gekelterte »Aurea Gran Rosé« zeigt, wie gut sie auch das können.

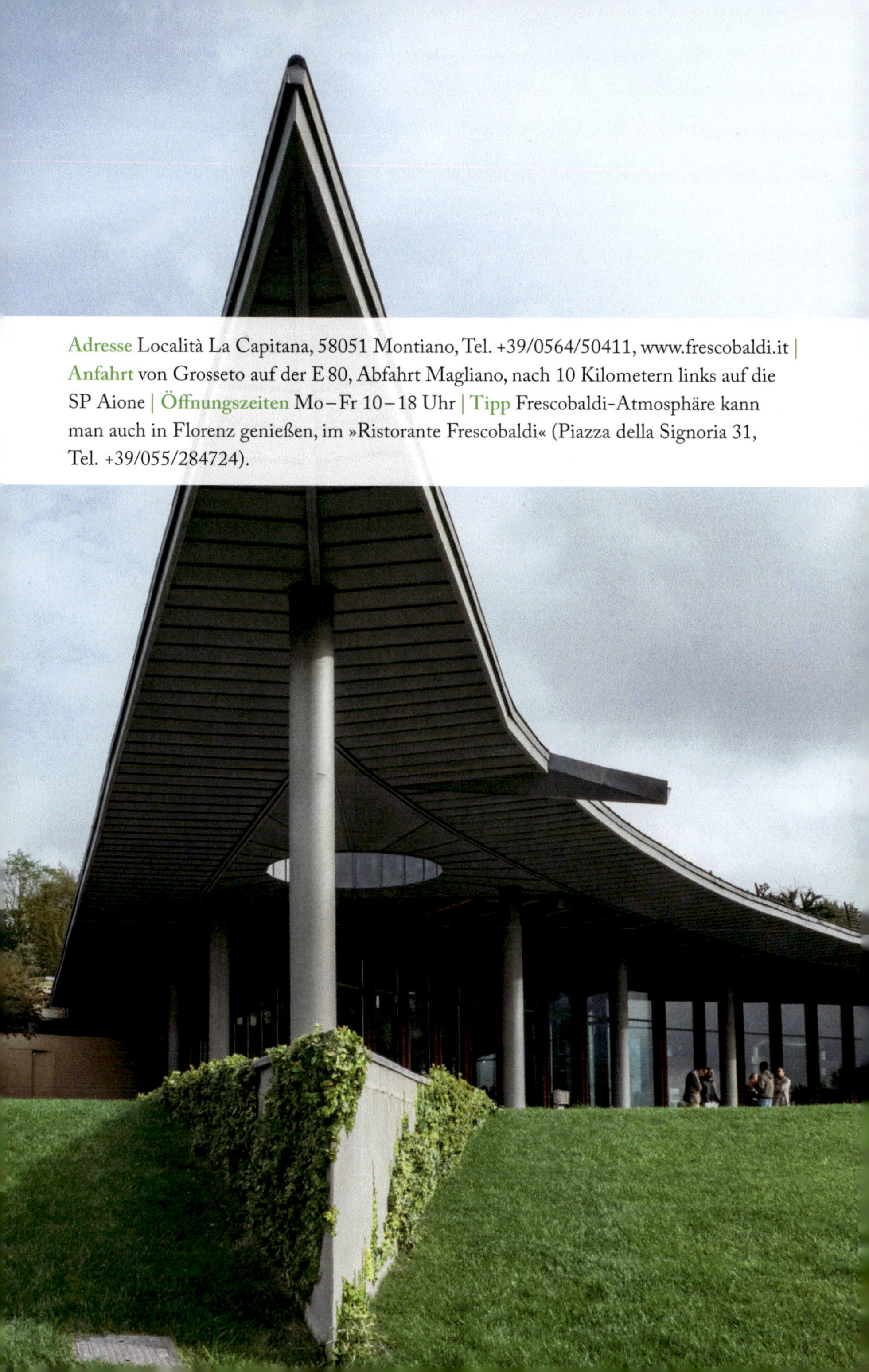

Adresse Località La Capitana, 58051 Montiano, Tel. +39/0564/50411, www.frescobaldi.it | Anfahrt von Grosseto auf der E 80, Abfahrt Magliano, nach 10 Kilometern links auf die SP Aione | Öffnungszeiten Mo – Fr 10 – 18 Uhr | Tipp Frescobaldi-Atmosphäre kann man auch in Florenz genießen, im »Ristorante Frescobaldi« (Piazza della Signoria 31, Tel. +39/055/284724).

33__Terenzi

Morellino di Scansano – quo vadis?

Der Morellino di Scansano ist ein aus der südtoskanischen Maremma stammender Rotwein auf Sangiovese-Basis. Im Jahr 2006 wurde ihm als vorletztem unter den toskanischen Sangiovese-Weinen die DOCG-Anerkennung zuteil. Das ist kein Zufall, denn er entstammt einer relativ jungen Weingegend. Die Maremma, der wir viele toskanische Kraftausdrücke verdanken, war jahrhundertelang ein gefürchtetes Malariagebiet. Dass man dort heute Wein anbauen kann, verdankt sich einem 200 Jahre langen Kampf gegen die Stechmücke Anopheles, die Tausende von Landarbeitern das Leben kostete. Auch Großherzog Ferdinand III., der mit der Trockenlegung der versumpften Gegend begann, bezahlte dies mit seinem Leben.

Als diese in den 1960er Jahren des letzten Jahrhunderts abgeschlossen war, dachte noch kaum jemand an Wein. Eine rasante und vor allem für die Küstenzone besonders schädliche Bauwut setzte ein, die erst 1975 mit dem herrlichen, bis ans Meer reichenden Naturpark Maremma gebremst werden konnte. Nun war die Zeit für den Wein gekommen.

Die Wegbereiter waren Le Pupille, Mantelassi, Erik Banti, Roccapesta – und zuletzt die Familie Terenzi. In gerade einmal 20 Jahren hat sich der Betrieb zu einem der interessantesten Protagonisten des Morellino entwickelt. Zur weiteren Profilierung, meinen die Terenzis, müsse der Morellino das Image loswerden, nur der kleine Bruder der anderen Sangiovese-Weine zu sein. Man solle ganz auf ihn vertrauen und die Besonderheit des Sangiovese in einer vom Meer beeinflussten Weinbauzone hervorheben. Dazu müsse das Weinrecht geändert werden: »Die 15 Prozent neben dem Sangiovese zugelassenen Rebsorten verhindern, dass der Morellino wirklich seine Identität finden kann«, meint Balbino Terenzi. Die drei Morellino di Scansano DOCG des Hauses sind denn auch Vollblut-Sangiovese, die das Potenzial dieser Rebsorte in der Maremma eindrucksvoll unter Beweis stellen.

Adresse Località Montedonico, 58054 Scansano, Tel. +39/0564/599601, www.terenzi.eu | **Anfahrt** von Grosseto auf der SP 159 Richtung Scansano, kurz auf die SS 323, am Kreisel 1. Ausfahrt, weiter auf der SP 159 | **Öffnungszeiten** nach Vereinbarung | **Tipp** Das »Antico Casale di Scansano« bietet ausgezeichnete Küche mit einer schönen Weinkarte (Località Castagneta, Tel. +39/0564/507219).

34 La Cantina di Massimo

Sommelier-Passion im Hafenviertel

Livorno ist ein Durchgangsort. Kreuzfahrtschiffe halten hier einen Tag lang für Ausflüge ins nahe gelegene Pisa, Lucca oder Florenz, und Fährschiffe legen ab in Richtung Capraia, Sardinien, Sizilien oder Korsika. Selten bleibt jemand länger. Zu Unrecht, denn die Geburtsstadt des Komponisten Pietro Mascagni sowie der Künstler Amadeo Modigliani und Giovanni Fattori birgt wenige Schritte vom Fährhafen entfernt ein kleines Juwel: das Stadtviertel Venezia Nuova.

Zu seiner Anlage holte man im 17. Jahrhundert Fachleute aus Venedig, und so entstand ein auf Pfähle gestütztes, von kleinen Wasserstraßen und Brückchen durchzogenes Quartier mit Häusern für eine internationale Kaufmannsschicht. Heutzutage wird das große Geld freilich in Livornos modernem Containerhafen gemacht. Das ist auch gut so, denn dadurch konnte Venezia Nuova seinen Charme bewahren. So richtig spürt man das am frühen Abend. Kinder spielen Fußball, Paare schlendern die Kanäle entlang, kleine Fischerboote tuckern vorbei. Touristen fehlen nicht, aber das ganze Treiben wirkt angenehm unaufgeregt. Stylishe Läden gibt es hier nicht.

Für Weinfreunde sorgt die Bistro-Enothek »La Cantina di Massimo«. Inhaber ist Massimo Tortora, Gerüchten zufolge eine Reinkarnation von Clark Gable und Cary Grant in einer Person. Nehmen Sie Platz an einem der Tische mit romantischem Blick auf die Kanäle oder in den gemütlichen Innenräumen und urteilen Sie selbst. Fest steht, dass Sie einen äußerst passionierten Sommelier vor sich haben, dessen Titel mittlerweile eine ganze Wand bedecken. Anfangs betrieb Massimo einen reinen Weinhandel, aber seit 2017 hat er seine Aktivitäten erweitert. So kann man jetzt bei ihm nicht nur Wein kaufen, sondern die über 400 Etiketten mit Käse- und Schinkenplatten, Tatar, kleinen Fischgerichten und Desserts genießen. Ein Weinort mit unvergleichlichem Ambiente.

Adresse Scali Rosciano 10, 57123 Livorno, Tel. +39/0586/891263, www.lacantinadimassimo.it | Anfahrt Parkmöglichkeiten am Parcheggio SS. Trinità, zu Fuß in den Viale Caprera, rechts über die Kanalbrücke in die Via della Venezia, links in die Straße Scali Rosciano | Öffnungszeiten Di–So 18.30–23 Uhr | Tipp Auf der Südseite Livornos, in der Via Ravizza 43, befindet sich das empfehlenswerte »Ristorante Ciglieri« (Tel. +39/0586/508194).

35_Arrighi

Auf der Suche nach dem Insel-Terroir

Gute Weine zu machen reicht Antonio Arrighi nicht. Der aus einer Elbaner Hoteliersfamilie stammende Winzer will mehr: Weine, welche die Einzigartigkeit seiner Insel zum Ausdruck bringen, ihre Geschichte, ihren Boden, das mediterrane Klima und die von ihm geformten Menschen.

Anfang der 1990er Jahre sah er sich deshalb nach Rebsorten um, die sich für das Inselklima am besten eignen. Also nicht nur der seit Langem hier angebaute Sangiovese, sondern auch die aus anderen Gegenden stammenden Syrah und Sagrantino. Sein aus diesen Rebsorten gekelterter »Tresse« ist ein wahres Meisterwerk. Zugleich ist er aber auch ein augenzwinkerndes Bekenntnis: Auf Elba kamen und gingen Völker, ihre Kulturen und Produkte, was könnte hier schon als wirklich fremd gelten? Der Wein wird übrigens in Terrakotta-Amphoren fermentiert und ausgebaut. »Wir haben nach einem Behälter gesucht, der eine Mikrooxidation wie im Holz bewirkt, aber keine Substanzen an den Wein abgibt«, sagt Antonio. Mit der Verwendung von Terrakotta möchte er jedoch nicht nur den Sortencharakter seiner Trauben aromatisch unverfälscht ins Glas bringen. Vielmehr sucht er damit auch eine Verbindung zur römischen Vergangenheit der Insel. Sein in Terrakotta gekelterter Viognier »Hermia« ist nach einem 2.100 Jahre vor ihm lebenden Kellermeister benannt, dessen Amphoren man bei Ausgrabungen in der Bucht von Portoferraio entdeckte.

Sein vorerst letztes Experiment: einen Wein aus Trauben zu keltern, die zuvor einige Tage im Meer versenkt wurden. Wie einst vor 2.500 Jahren auf der Insel Chios. Man hofft, mit dieser Praktik die anschließende Teiltrocknung der Trauben an der Sonne zu beschleunigen und damit das Traubenaroma besser zu bewahren. So entstand »Nesos«. An seiner Geburt war übrigens Antonios Tochter Giulia beteiligt, die das Projekt im Rahmen ihres Weinbaustudiums begleitete. Die Suche geht also weiter.

Adresse Viale Europa, Località Pian del Monte, 57036 Porto Azzurro, Tel. +39/335/6641793, www.arrighivigneolivi.it | Anfahrt von Portoferraio auf der SP 26 Richtung Porto Azzurro, im Ort links, weiter auf der SP 26, beim Ristorante »Botte Gaia« schräg links | Tipp Bei der »Gastronomia Ruggeri« in Portoferraio bekommt man leckere kleine Gerichte sowie eine reiche Auswahl an Weinen (Piazza Marinai d'Italia 4, Tel. +39/0565/915497).

36 Enoteca Tognoni

Bolgheri im Glas

Bolgheri ist ein zur Gemeinde Castagneto Carducci gehörender Ort. Wer beide besucht, bemerkt einen deutlichen Unterschied: Der Hauptort hat gepflegte Straßen und Häuser, eine *informazione turistica* und geordnete Parkplätze vorzuweisen. All das fehlt in Bolgheri. Wenige 100 Meter von den Weinbergen des weltberühmten Sassicaia entfernt scheinen arme Leute zu wohnen. Alle Initiativen, den Weinort Bolgheri der kommunalpolitischen Aufmerksamkeit zu empfehlen, sind bislang gescheitert. Luigi Veronellis Vorschlag, den Ort nach dem Beispiel der französischen Gemeinde Gevrey-Chambertin in Bolgheri-Sassicaia umzutaufen, blieb politisch folgenlos.

Dennoch sollte man sich den Ort ansehen. In Bolgheri schlägt einfach das Herz des gleichnamigen Weinbaugebiets. Also: High Heels im Wagen lassen, Turnschuhe raus und los! Der Ort bietet schöne Ausblicke und natürlich Weinläden an allen Ecken. Der berühmteste ist die »Enoteca Tognoni«. Zu Recht, denn das von Francesco Tognoni und seiner Frau Paola geführte Unternehmen hat wesentlich dazu beigetragen, dass man für einen guten Schluck DOC Bolgheri heute nicht in den Hauptort weiterfahren muss.

Paola betrieb ursprünglich einen kleinen *alimentari*, aber dann kamen die Supermärkte auf, und ihre Kunden blieben aus. Aufgeben war ihre Sache nicht, und so wurde aus dem Lebensmittelhandel ein Spezialitätengeschäft. Nur der richtige Weinausschank fehlte noch. Ihre Idee: Wein glasweise ausschenken, auch die Edeletiketten Sassicaia, Ornellaia und Co. Dank eines modernen Weindispensers halten sich diese kostbaren Tropfen nach dem Öffnen lange Zeit frisch. Vor allem aber bleibt durch die Aufteilung des Flaschenpreises auf mehrere Kunden auch der Genuss von Weinikonen bezahlbar. Selbst dann, wenn man verschiedene probieren möchte. Dazu ein Gericht aus der feinen Küche Paolas, und Bolgheri erstrahlt in hellem Glanz.

Adresse Via Lauretta 5, 57020 Bolgheri, Tel. +39/0565/762001, www.enotecatognoni.it | **Anfahrt** vor dem Stadttor parken, hindurchgehen und sich links halten, 100 Meter zum Lokal | **Öffnungszeiten** täglich | **Tipp** Gleich nebenan befindet sich das geschichtsträchtige »Castello di Bolgheri«, eine hervorragende Wahl zum Verkosten und Übernachten (Tel. +39/0565/762110).

37__Grattamacco

Bolgheri mit toskanischem Akzent

Das Weingut ist einer der Pioniere des Anbaugebiets Bolgheri. Seit 2007 gehört es Claudio Tipa und seiner Schwester Maria Iris, die auch die Spitzenweingüter Colle Massari in der Maremma und Poggio di Sotto in Montalcino besitzen. Der Stil der Grattamacco-Weine hat sich jedoch nie geändert. Im Vergleich zu anderen Bolgheri-Weinen präsentieren sie sich mit einem stärkeren toskanischen Akzent. Das mag an dem kleinen, aber spürbaren Anteil Sangiovese-Trauben liegen, der mit Ausnahme des »Alberello« in allen Weinen neben die für Bolgheri typischen französischen Sorten Cabernet Sauvignon, Cabernet Franc und Merlot tritt. Sicherlich spielen auch die hohen Lagen eine Rolle. Die Weine wirken auffallend frisch und belebend.

Die bei dem Spitzenwein »Grattamacco« praktizierte Spontangärung ohne Temperaturkontrolle in kleinen, offenen Holzbottichen wirkt aber wohl am stärksten stilbildend. Dabei sind es zunächst einmal betriebstechnische Gründe, die den Einsatz der Bottiche bedingen. Das Weingut besitzt viele Parzellen und praktiziert eine selektive Weinlese in mehreren Durchgängen, was die an die jeweilige Erntemenge angepassten Gärbehälter zweckmäßig macht. Kellermeister Davide Torchio ist sogar davon überzeugt, dass die in solchen Fässern langsamer verlaufende alkoholische Gärung eine bessere Extraktion von Aromen, Tanninen und Farbstoffen bewirkt. Ihm selbst macht die Kellerarbeit mit offenen Fässern jedenfalls mehr Spaß: »Da bin ich einfach in direktem Kontakt mit den Trauben, ich sehe und rieche sie!«

Übrigens: Der Name »Grattamacco« leitet sich von *macco* ab, einer aus geschälten Saubohnen zubereiteten, an Polenta erinnernden Paste. Ein Gericht der Holzfäller, die den Topf auskratzten (auf Italienisch *grattare*), um nichts zu verschwenden. Bei dem Genuss des gleichnamigen Weins könnte man versucht sein, das auch mit dem Flaschenboden zu praktizieren.

Adresse Località Lungagnano 128, 57022 Bolgheri, Tel. +39/0565/765069, www.collemassariwines.it | **Anfahrt** von Bolgheri nach 1,3 Kilometern links, weiter auf der SP Bolgherese, nach 5,5 Kilometern wieder links, nach 600 Metern rechts, nach 300 Metern links | **Öffnungszeiten** nach Vereinbarung | **Tipp** In der »Enoteca Castagnetana« in der Via Marconi 18 in Castagneto Carducci kann man einkaufen oder essen. Am besten tut man beides (Tel. +39/338/9976449).

38 Guado al Melo

Zurück in die Zukunft

Guado al Melo ist ein Weingut sui generis. Seine Weine sind nicht einfach nur gut gemacht, sondern haben eine unverkennbar historische Perspektive. Jeder von ihnen repräsentiert präzise eine Geschichtsepoche, wodurch eine Verkostung zu einer sinnlich inspirierten Reise in die Vergangenheit gerät.

Während der aus Cabernet Sauvignon und Merlot gekelterte »Rute« die heutige Gestalt des Anbaugebiets ins Glas bringt, verweist der teilweise aus Sangiovese gewonnene »Antillo« auf die Zeit, als Bolgheri noch nicht das unangefochtene Reich der Bordeaux-Rebsorten war. Richtig spannend wird es dann bei dem Spitzenwein »Jassarte«, einer Cuvée aus 30 im gemischten Satz angebauten und gemeinsam gekelterten Rebsorten. So, wie es vor der Reblauskatastrophe überall in Europa üblich war. Allerdings befinden sich darunter nicht nur lokale Rebsorten, sondern auch solche aus anderen mediterranen Weinländern. Mit diesem Wein schweift man geografisch weit aus und reist zurück bis zur Morgenröte des Weinbaus in der Antike.

Geleitet wird das Weingut von Michele Scienza und dessen Frau Annalisa, doch seine einzigartige Konzeption verdankt es Micheles Vater Attilio. Für den international bekannten Professor ist die historische Rebenforschung kein Selbstzweck. Vielmehr erhofft er sich aus dem Studium alter, nahezu vergessener Rebsorten und Anbaumethoden Hinweise darauf, wie man den Weinbau in Zeiten des Klimawandels ökonomisch und ökologisch nachhaltig betreiben könnte. Mit dieser spannenden Zukunftsperspektive kann man sich im attraktiv gestalteten hauseigenen Weinmuseum vertraut machen, das sich im Außenbereich in einem weinhistorischen Lehrpfad fortsetzt. Die von den Etruskern und Römern gepflegte Baumerziehung, die man dort antrifft, wird derzeit übrigens von französischen Forschern auf ihre Eignung für die Bewältigung des Klimawandels untersucht. Zurück in die Zukunft.

Adresse Località Murrotto 130/A, 57022 Castagneto Carducci, Tel. +39/0565/763238, www.guadoalmelo.it | **Anfahrt** von Bolgheri nach 1,3 Kilometern links, weiter auf der SP Bolgherese, nach 5,5 Kilometern links, nach 600 Metern wieder links | **Öffnungszeiten** nach Vereinbarung | **Tipp** Das Restaurant »La Carabaccia« in der Via della Camminata Est 15 in Bibbona ist einen Besuch wert (Tel. +39/0586/670370).

39 Guado al Tasso

Die Entstehung eines Anbaugebiets

Bolgheri ist ein junges Weingebiet. Berühmt ist es auch. Gern führt man das auf den von Mario Incisa della Rocchetta erfundenen Sassicaia zurück. Das ist jedoch nur zum Teil richtig. Als der Sassicaia im Jahr 1985 von Robert Parker mit 100 Punkten geadelt wurde, war er noch ein *vino da tavola*, ein Tafelwein ohne gesetzlich geschütztes Anbaugebiet. Der Sassicaia war zwar von nun an in aller Munde, aber das Gebiet, aus dem er stammte, kannten nur wenige. Seit 1983 gab es zwar eine DOC Bolgheri, die das Anbaugebiet bezeichnete, die gesetzliche Regelung sah jedoch damals nur Weißweine vor. Die hatten wahrlich nicht das Zeug, Bolgheri bekannt zu machen. Erst 1994 wurden endlich auch Rotweine zugelassen. Höchste Zeit, hatten doch Winzer wie Piermario Meletti Cavallari, Michele Satta, Lodovico Antinori oder Eugenio Campolmi schon lange bewiesen, dass in Bolgheri große Weine entstehen können.

Auch Piero Antinori, der mit dem Supertuscan »Tignanello« bereits Weingeschichte geschrieben hatte, zählt mit seinem Weingut Guado al Tasso zu dieser illustren Runde. Der gleichnamige Wein ist geradezu ein Emblem des Anbaugebiets. Freilich ebenso seiner stolzen Preise. Doch auch für weniger Geld kann man Bolgheri im Glas haben. Cont'Ugo und Bruciato, die anderen Rotweine der Tenuta, sind wie ihre größeren Brüder typische Vertreter des klassischen Bolgheri-Stils. Seine weitere Entwicklung könnte der Cabernet Franc Matarocchio andeuten. Viele Beobachter sehen in dieser Rebsorte die Zukunft Bolgheris.

Nicht zufällig sind übrigens die Etiketten mit den Initialen der Familie Della Gherardesca geschmückt. Die auf langobardische Ursprünge zurückgehende Familie hatte einst den größten Grundbesitz der Gegend. 1930 heirateten Clarice und Carlotta Della Gherardesca zwei Winzer: Niccolò Antinori und Mario Incisa della Rocchetta. Auch darin hat das Weingebiet seine Wurzeln.

Adresse Via Bolgherese, 57020 Bolgheri, Tel. +39/0565/1828060, www.antinori.it | **Anfahrt** von Bolgheri nach 1,3 Kilometern links und 3,8 Kilometer weiter auf der SP Bolgherese | **Öffnungszeiten** nach Vereinbarung | **Tipp** Eine Ölmühle der Spitzenklasse, in der man auch gleich zur Mittagspause bleiben kann: »Fonte di Foiano« in Castagneto Carducci (Tel. +39/0565/766043).

40 La Piana

Alice auf der Wunderinsel

Das Weingut La Piana liegt auf der Insel Capraia, der westlichsten des toskanischen Archipels. Einmal angekommen, kann man hier weder Golf spielen, noch Wasserski fahren oder gar rauschende Strandpartys feiern. Die einzige Musik auf der Insel spielt der Wind, unterbrochen vom Ruf seltener Vogelarten. Das klingt ziemlich nach Aussteigerparadies, ist es aber nicht. Auf Capraia entsteht derzeit ein modernes Netzwerk des sanften Tourismus, der Arbeit und Natur miteinander versöhnen möchte.

Ein gewichtiger Teil davon ist das Weingut La Piana. Anders als der Name vermuten lässt, befindet sich ein Großteil seiner Weinberge nicht in einer Ebene *(piana)*, sondern an steilen, einst durch Trockenmauern gestützten Abhängen. Bei seiner Gründung im Jahr 2004 bestand die vordringlichste Aufgabe zunächst darin, diese Natursteinmauern wieder aufzurichten, um der Erosion vorzubeugen. Das dauert immer noch an, verschlingt Unsummen und wäre ohne das fachliche Können rumänischer Arbeiter nicht möglich. Auf etwa fünf Hektar produzieren Alice Bollani und ihre Truppe derzeit knapp 18.000 Flaschen – viel zu wenig, um der steigenden Nachfrage gerecht zu werden. Dennoch hält Alice einen wesentlichen Teil der Produktion zurück, um die Weine für die Inselgastronomie verfügbar zu halten. »Nur wenn wir hier vor Ort ein gut integriertes Netzwerk aus sinnvoller Arbeit aufbauen, bleiben die jungen Leute und verhindern, dass die Insel ein menschenleeres Naturparadies wird«, beteuert die energische Frau und zählt rasch einige Mitstreiter auf: Maricap, eine von fünf Fischern betriebene Aquakultur, die preisgekrönte Käserei Saracello sowie Aurora, ein auf Inselkräuter spezialisierter Betrieb.

Ihr eigener Beitrag zur Inselrenaissance sind sechs handwerklich präzise Weine. Allein der aus Aleatico gekelterte Süßwein und der trockene, feinduftige Rosé sind eine Reise wert. Ein Besuch lohnt sich.

Adresse Via Roma 25, 57032 Isola di Capraia, Tel. +39/392/0592988, www.lapianacapraia.it | Anfahrt Fährverbindung von Livorno | Öffnungszeiten nach Vereinbarung | Tipp Köstlichen Fisch bereitet das Restaurant »La Garitta« in der Via Assunzione 11 zu. Die Weinkarte ist durchdacht (Tel. +39/0586/905230).

41 Le Macchiole

Die Meister sortenreiner Weine

Das Weinbaugebiet Bolgheri ist das Reich roter Rebsorten. Allen voran Cabernet Sauvignon, gefolgt von Merlot, Cabernet Franc und Syrah. Zumeist werden sie für Weine nach klassischem Bordeaux-Verschnitt verwendet. Das verdankt sich der Entstehungsgeschichte des Anbaugebiets, das in Nachfolge des Sassicaia dieses Thema in immer neuen Variationen durchgespielt hat. Eher eine Ausnahme bilden daher Versuche, eine Traubenart sortenrein zur Geltung zu bringen. Das interessanteste Beispiel dafür bietet das Weingut Le Macchiole.

Sein Merlot »Messorio« war der Zeitschrift »Wine Spectator« ganze 100 Punkte wert, und James Suckling hat dem aus Syrah gekelterten »Scrio« die gleiche Anerkennung zuteilwerden lassen. Diese beiden Bolgheri-Ikonen wurden von Anfang an als reintraubige Weine konzipiert. Anders der »Paleo Rosso«, welcher 1989 als Cabernet Sauvignon mit einem kleinen Zusatz Sangiovese auf die Welt kam. Der Sangiovese-Anteil ist der toskanischen Tradition geschuldet. Ihr war der Gründer des Weinguts, der in Bolgheri aufgewachsene Eugenio Campolmi, besonders verbunden. Als echter Toskaner war Eugenio aber auch neugierig und experimentierfreudig. Die ersten Jahre probierte er unterschiedliche Mischungen aus, bevor er seinen Paleo dann im Jahr 2001 als reinen Cabernet Franc kelterte.

Das heute von seiner Frau Cinzia und den beiden Söhnen Elia und Mattia geleitete Gut führt dieses Projekt fort. Das Ergebnis ist phänomenal: Der Paleo ist kein grasiger, nach grünem Paprika riechender Cabernet Franc, sondern ein nach Kräutern und mediterraner Macchia, Himbeeren, orientalischen Gewürzen, Kaffee und Tabak duftender Wein, der sich im Mund mit feinsten Tanninen und von denkwürdiger Länge präsentiert.

Übrigens: Das *paleo odoroso,* das Ruchgras, dessen hoher Cumarin-Anteil ihm einen an Waldmeister erinnernden, würzigen Duft verleiht, stand bei der Namensgebung Pate.

Adresse SP Bolgherese 189, 57022 Castagneto Carducci, Tel. +39/0565/766092, www.lemacchiole.it | Anfahrt von Bolgheri nach 1,3 Kilometern links, 3,4 Kilometer weiter auf der SP Bolgherese | Öffnungszeiten nach Vereinbarung | Tipp In der Enoteca »Ostinati dei Lassi« in der Via Aurelia Nord 54 in Bibbona ist die Auswahl groß. Man kann auch zum Essen bleiben (Tel. +39/347/6302022).

42 Lisca & Osso

Fede und Caterina – Elbas Weinbotschafter

Ein mildes, mediterranes Klima, mineralreiche Böden, Regen vor allem im Spätherbst sowie traumhaft schöne Ausblicke auf Weinberge, die sich über dem blauen Meer erheben … Elba hat eigentlich alles, was eine ideale Weingegend braucht. Dennoch wurde das lange Zeit nicht wirklich wahrgenommen. Napoleon im Exil, ein unvergleichlicher Reichtum an Mineralien und karibisch anmutende Strände haben die Weinproduktion der Aufmerksamkeit vieler Reisender entzogen. Dabei war der Wein jahrhundertelang ein wesentlicher Wirtschaftsfaktor der Insel. Das änderte sich erst mit dem aufkommenden Tourismus nach dem Zweiten Weltkrieg. Ferienwohnungen für sonnenhungrige Urlauber waren nun einträglicher als Wein aus terrassierten Höhenlagen.

Seit der Jahrtausendwende zeichnet sich jedoch eindeutig eine Trendwende ab. Aufgegebene Rebflächen werden aufwendig rekultiviert, und Weinliebhaber informieren sich in den immer zahlreicheren Weingütern. Auf Grund der Insellage blieben auf Elba die unterschiedlichsten Rebsorten hängen. Aus Sizilien etwa stammen die Ansonica-Traube und der Moscato (Weißer Muskateller), vom toskanischen Festland kamen Sangiovese, Aleatico und Trebbiano, während der Vermentino die Insel vermutlich von Ligurien aus erreichte.

Die Insel ist also sortenreich, was kombiniert mit unterschiedlichen Lagen, Bodenarten und Weinstilen eine überraschende Vielfalt ergibt. Am besten nähert man sich dieser mit einem Besuch bei »Lisca & Osso«. Geführt wird das Lokal von zwei passionierten Sommeliers, wahren Botschaftern des Elbaner Weins. Kleine, zu den Weinen passende Fisch- oder Fleischgerichte sind Caterinas Aufgabe, während das Elbaner Urgestein Fede mit einem unaufdringlichen, aber äußerst stilsicheren Service aufwartet. Man kann für ein Gläschen am späten Nachmittag vorbeischauen oder zum Essen in dem liebevoll hergerichteten Innenhof bleiben. Immer eine gute Wahl.

Adresse Via D'Alacorn 40, 57036 Porto Azzurro, Tel. +39/333/4696170, www.facebook.com/liscaeosso | **Anfahrt** von Portoferraio auf der SP 26 Richtung Porto Azzurro, im Ort links auf die SP 26, Parkplatz nach 100 Metern links | **Öffnungszeiten** täglich 17–24 Uhr | **Tipp** Eine vielseitige Auswahl an Weinen und Destillaten gibt es nebenan bei »Armando in Porto Azzurro«.

43__Osteria Magona

Ein vertikales Weinerlebnis

Um ein kleines, aber vielseitiges Anbaugebiet wie Bolgheri kennenzulernen, empfiehlt es sich, Weine verschiedener Winzer aus demselben Jahrgang zu verkosten. Solche horizontalen Weinproben vermitteln interessante Einblicke in die Vielfalt des Weins, indem sie die Auswirkungen unterschiedlicher Kellertechniken, Böden und Arbeiten im Weinberg im Glas schmeckbar machen. Wer noch etwas tiefer eindringen möchte, sollte sich jedoch an eine vertikale Verkostung machen, bei der man verschiedene Jahrgänge desselben Weins miteinander vergleicht. Erst hier, im klimatischen Einfluss eines Jahres auf die Weinqualität, tritt das Nichtverfügbare am Wein, die Grenze menschlicher Manipulationen, zutage. Um dieser Naturseite des Kulturprodukts Wein nachzuschmecken, leisten sich viele Winzer einen historischen Schatzkeller, eine Art Weinarchiv, in welchem sie alle früheren Jahrgänge aufbewahren. Das Dumme daran: Außenstehenden bleiben diese zumeist verschlossen.

Mit einem Besuch in der Osteria Magona lässt sich diesem Übel abhelfen. Das hübsch eingerichtete Gasthaus liegt inmitten der Weinberge. Seine Seele ist Omar Barsacchi. Bei ihm kann man sich komplett durch die Jahrgänge trinken. Egal, ob sich die Wünsche auf einen Sassicaia, Ornellaia oder Masseto richten. Bei diesen Weinen wird das natürlich etwas kostspielig, doch mit ein paar Freunden und vor allem durch die Auswahl einiger Jahrgänge wird ein unvergessliches Weinerlebnis daraus. Nicht zuletzt deshalb, weil man bei Küchenchef Omar auch kulinarisch bestens aufgehoben ist. Durch seine Zusammenarbeit mit dem berühmten toskanischen Metzger Dario Cecchini ist dafür gesorgt, dass sich die feinen Tannine eines roten Bolgheri zu Fleisch der Spitzenklasse gesellen dürfen.

Auf Vegetarier warten leckere Ravioli mit Ricotta und Wiesenkräutern, Gnocchi mit Pilzen sowie gereifter Käse aus eigener Herstellung.

Adresse SP Bolgherese 199, 57022 Bolgheri, Tel. +39/0565/762173, www.osteriamagona.com | **Anfahrt** von Bolgheri nach 1,3 Kilometern links, 2,3 Kilometer weiter auf der SP Bolgherese | **Öffnungszeiten** Di–So 12–14.30 und 19.30–22 Uhr | **Tipp** Gleich nebenan setzt das »Macello di Bolgheri« Maßstäbe in Sachen nachhaltigem Fleischgenuss. Man kann dort essen oder einkaufen.

44 Rocca di Frassinello

Italienisch-französische Eleganz

Das Weingut Rocca di Frassinello befindet sich in der nördlichen Maremma. Bereits in etruskischer Zeit wurden mit Wein gefüllte Terrakotta-Amphoren von hier nach Marseille verschifft, und später machten die nach Norden expandierenden Römer mit keltischen Holzfässern Bekanntschaft. Die italienisch-französische Zusammenarbeit im Weinbereich hat also tiefe historische Wurzeln. Dennoch hat die Rivalität zwischen den beiden Weinländern eine Kooperation nicht immer leicht gemacht. So war es eine Sensation, als im Jahr 2001 Rocca di Frassinello als erstes italienisch-französisches Joint Venture im Weinbereich ins Leben gerufen wurde. Paolo Panerai, Besitzer von Castellare di Castellina, und Éric de Rothschild von den Domaines Barons de Rothschild, wollten in der Tat eine Synthese aus dem Besten schaffen, was die beiden Länder zu bieten haben.

Der Standort wurde auf Grund einer Analyse von Boden und Klima gewählt. Dennoch ist es eine reizvolle Vorstellung, dass Rocca di Frassinello auf halbem Weg zwischen dem auf französische Rebsorten setzenden Weingebiet Bolgheri und der von Sangiovese bestimmten Weinkultur von Scansano liegt. Fest steht, dass mit dem italienischen Önologen Alessandro Cellai und seinem französischen Kollegen Christian Le Sommer ein ideales Team gebildet wurde, um eine Symbiose zwischen Sangiovese und französischen Rebsorten herbeizuführen.

Der aus 15 Prozent Sangiovese, 45 Prozent Merlot und 40 Prozent Cabernet Sauvignon bestehende »Poggio alla Guardia« ist der zum Trinken animierende Basiswein. Im »Ornello« steigt der Sangiovese-Anteil auf 40 Prozent und im »Le Sughere« auf 50 Prozent, um mit schließlich 60 Prozent im Spitzenwein »Rocca di Frassinello« zu dominieren. Der Wein entsteht übrigens in einem von Renzo Piano entworfenen Gebäude, das sein Zentrum in einem ebenso funktionalen wie ästhetisch ansprechenden Barriquekeller findet. Auch das eine Meisterleistung.

Adresse Località Poggio alla Guardia, 58023 Giuncarico, Tel. +39/0566/88400, www.castellare.it | **Anfahrt** von Livorno auf der E 80, Abfahrt Giuncarico, auf die SP 20, nach 1,4 Kilometern links auf die SP Lupo, nach 750 Metern rechts und der Beschilderung folgen | **Öffnungszeiten** nach Vereinbarung | **Tipp** Zum Weingut gehört ein großartiges, von Italo Rota konzipiertes Museum, in dem die etruskischen Wurzeln der Weingegend illustriert werden.

45 Tenuta delle Ripalte

Aller guten Aleatico sind drei

Aleatico ist eine der ältesten Rebsorten Italiens. Auch wenn ihr Ursprung noch einer genauen Aufklärung harrt, konnte inzwischen eine Verwandtschaft mit der Muskateller-Traube nachgewiesen werden. Daraus erklärt sich ihr an Muskat erinnernder Duft. Obgleich auch in anderen Regionen angebaut, ist die Wahlheimat der Aleatico-Rebe die Insel Elba. Ihre Fähigkeit, auch längere Trockenperioden im Sommer gut durchzustehen und mit mageren Böden auszukommen, mag da eine Rolle spielen.

Aleatico kann sowohl trocken als auch edelsüß ausgebaut werden, wobei sich die meisten Produzenten auf Letzteres konzentrieren. Nicht so das herrlich gelegene Weingut der Tenuta delle Ripalte, das gleich drei Versionen von Aleatico-Weinen anbietet.

Den Auftakt macht der »Rosato delle Ripalte«. Der für die Aleatico-Traube typische hohe Gehalt des Pflanzenfarbstoffs Malvin verleiht ihm einen intensiven Rosaton. Nach Rosen, Himbeeren und würziger mediterraner Macchia duftend, empfiehlt er sich dank seiner ausgeglichenen Säure für Fisch-Vorspeisen sowie zum Spargelrisotto. Ihm zur Seite steht der »Brut Rosato delle Ripalte«, ein gelungener Schaumwein auf Aleatico-Basis. Dank der Charmat-Methode kommen die Aromen des Aleatico voll zur Geltung. Frisch und belebend, ist er der ideale Wein für Vorspeisen bis hin zum *primo*. Die dritte Version des Aleatico ist der edelsüße Wein »Alea Ludendo«. Seine 130 Gramm Restzucker verdanken sich einer zwischen 15 und 20 Tagen dauernden Teiltrocknung der gelesenen Trauben im Freien.

Wer nun vermutet, dass solch gelungene Weine nicht von ungefähr entstehen, liegt richtig. Piermario Meletti Cavallari, Gründer und langjähriger Leiter des Weinguts Grattamacco in Bolgheri, zeichnet für sie verantwortlich. Schon deshalb sollte man auch seine beiden aus Alicante gekelterten Rotweine probieren. Ohne Zweifel eine große Bereicherung der Elbaner Weinwelt.

Adresse Località Ripe Alte, 57031 Capoliveri, Tel. +39/0565/94211, www.tenutadelleripalte.it | **Anfahrt** von Capoliveri auf der SP 31, dann in die Via Luperini | **Öffnungszeiten** nach Vereinbarung | **Tipp** Wenn Sie in Capoliveri sind, schauen Sie auch im Ristorante »La Taverna dei Poeti« in der Via Roma 14 vorbei (Tel. +39/0565/968306).

46 Viale dei Cipressi

Die Sassicaia-Allee

Berühmt wurde der Viale dei Cipressi durch ein Gedicht des Literaturnobelpreisträgers Giosuè Carducci. Jahrzehnte bevor der Geschmack einer Madeleine Marcel Proust an seine Kindheit erinnerte, geschah dies bei Carducci durch den Blick auf diese Zypressenallee. Eine Straße von literaturgeschichtlichem Rang also. Daran denkt aber kaum noch jemand. Die Allee verbindet man heute eher mit dem Gedanken an Italiens berühmtesten Wein: den Sassicaia, benannt nach einem steinigen Weinberg, auf dem Mario Incisa della Rocchetta im Jahr 1944 erste Experimente mit Cabernet Franc (später Cabernet Sauvignon) unternahm. In der Toskana, bis dato unangefochtenes Reich der Sangiovese-Traube, war das eine Provokation. Den Sassicaia wollte anfangs denn auch kaum jemand trinken. Das änderte sich jedoch mit der Zeit. Der erste im Handel erhältliche Jahrgang 1968 erregte bereits Aufsehen, und spätestens der von Robert Parker mit 100 Punkten bewertete 1985er begründete seinen weltweiten Ruhm.

Produziert wird er in dem Weingut San Guido, gleich am Eingang der Allee an der rechten Straßenseite gelegen. Man übersieht es leicht. Gut versteckt hinter Büschen, scheint es seinen begehrten Schatz zudringlichen Blicken entziehen zu wollen. Das macht nichts, lassen wir den Sassicaia in Ruhe reifen.

Am Ende zählt hier ja die Straße. Angelegt wurde sie im Jahr 1806 zunächst mit Pappeln. Die weckten jedoch den Appetit des Weideviehs und wurden deshalb 1931 durch die noblere Baumart ersetzt. Heute kann man die 4,7 Kilometer lange Straße mit ihren gut 2.400 Zypressen mit dem Rad oder Auto befahren. Aber nicht zu schnell bitte. Nur so erkennt man die Kanterbahn für Rennpferde, neben dem Wein die zweite Passion der Familie Incisa. Ihr berühmtestes Pferd, Ribot, hat hier zwar nie trainiert, verdiente jedoch durch seine weltweiten Siege das nötige Startkapital für das Weingut San Guido.

Adresse Località San Guido, 57022 Bolgheri | Anfahrt von Pisa auf der E 80, Abfahrt California, 6 Kilometer auf der SP 39 bis zur Abzweigung Bolgheri | Tipp Sassicaia in Verbindung mit guter Küche und gepflegtem Ambiente gibt es gleich am Anfang der Allee in der »Osteria-Enoteca San Guido« (Tel. +39/0565/749693).

47_Locanda dell'Angelo

Weingenuss im Langobardenhof

Lucca war einst die Hauptstadt des langobardischen Herzogtums Tuscia. Bei den kriegerischen Langobarden stand der Erzengel Michael in hohem Ansehen. Ihm widmeten sie zahlreiche religiöse Kultstätten wie etwa die Kirche San Michele in Foro. Nur wenige Schritte von ihr entfernt befindet sich die »Antica Locanda dell'Angelo«. Auch der Name dieses Gasthauses huldigt dem langobardischen Lieblingsengel.

Die Ursprünge des Gasthofs sind jünger, gehen aber immerhin bis auf das Jahr 1414 zurück. In dieser Zeit herrschte Paolo Guinigi über die Stadt, der die für Lucca wichtigen Seidenmanufakturen förderte. Auch wenn die Stadt ihre einstige Monopolstellung im Seidengewerbe verloren hatte, kamen doch immer noch Händler aus ganz Europa dorthin, um ihre berühmten Tuchwaren zu kaufen. Da war es praktisch, ein Gasthaus in unmittelbarer Nähe zu wissen, in dem man gut essen und trinken, aber auch über Nacht bleiben konnte.

Übernachten ist heute leider nicht mehr möglich, aber die lange Tradition gepflegter Gastlichkeit wird von der aus Palermo stammenden Familie Cipolla weitergeführt. In der Küche regiert Antonina, die es meisterlich versteht, toskanischen Gerichten eine charmante sizilianische Note zu verleihen. Für den Wein ist ihr Sohn Vito zuständig. Der diplomierte Sommelier hat eine Weinkarte zusammengestellt, die das Luccheser Umland durchstreift, bevor sie die Toskana und viele andere Weinregionen Italiens sowie auch einige ausländische Etiketten präsentiert. Die eigentliche Stärke seiner Weinkarte ist jedoch nicht ihr vinophiler Panoramablick, sondern ihre Einladung, auch ältere Jahrgänge zu verkosten. Mit einem 1997er Chianti Classico, der Einzellage »Bellavista« aus dem Weingut Castello di Ama, als würdiger Begleiter einer geschmorten Kalbsbacke etwa, wird ein Abend in dem begrünten Innenhof zum denkwürdigen Erlebnis. So gut hatten es die Langobarden nicht.

Adresse Via Pescheria 21, 55100 Lucca, Tel. +39/0583/467711, www.anticalocandadellangelo.com | **Anfahrt** an der Stadtmauer parken, von der Porta Sant'Anna in die Via San Paolino, bei der Piazza San Michele rechts in die Via Beccheria, 1. Gasse links | **Öffnungszeiten** Di–So 12.30–14.30 und 19.30–22 Uhr | **Tipp** Hochwertige lokale Produkte und Wein bietet die »Enoteca Marsili« an der Piazza San Michele (Tel. +39/0583/491751).

48 Die Monatsarbeiten

Mittelalterliche Winzer an der Kathedrale

Das Zeitgefühl des mittelalterlichen Menschen war zyklisch. Eingebunden in eine auf Grundbedürfnisse ausgerichtete Agrargesellschaft, waren ihm der Wechsel der Jahreszeiten und die von ihnen bestimmten Tätigkeiten vertraut. Anschaulich wird dies in den sogenannten Monatsarbeiten, die an vielen Bauwerken Europas zu sehen sind. Als Vorbild diente meist das »Bauernjahr« genannte Werk des spätantiken Schriftstellers Palladius, das freilich lokalen klimatischen Bedingungen angepasst wurde.

Von den Monatsarbeiten der Toskana sind die an der Kathedrale in Lucca besonders schön. Gleich drei Monate sind hier dem Wein gewidmet. Rechts vom Hauptportal geht es los mit dem Januar, dargestellt durch einen am Feuer sitzenden Mann. Trotz des günstigen Klimas der mittelalterlichen Warmzeit war es in diesem Monat wohl immer recht kalt. Nach dem Fischen im Februar zeigt das dem März gewidmete Feld einen Winzer. Mit einer Hippe – dem sichelförmigen Rebmesser – in der Hand nähert er sich einem Weinstock. Die deutlich erkennbare Baumerziehung der Reben hat etruskische Ursprünge. Nach der Aussaat im April wechselt die Szene im Mai zur Muße. Ein an seiner aufwendigen Kleidung als Edelmann erkennbarer Reiter geht mit einer Blume in der Hand auf Brautsuche. Typische Arbeiten für Juni und Juli sind das Schneiden und Dreschen des Weizens.

Reife Früchte werden im August vom Baum geholt, bevor im September Weintrauben mit den Füßen gestampft werden. Das ist viel moderner, als man denkt. Der besonders sanfte Druck ist aus önologischer Sicht vorteilhaft und – bei gewaschenen Füßen – auch hygienisch unbedenklich. Im Folgemonat wandert der Wein dann ins Fass. Das Pflügen der Felder geschieht im November, und im Dezember ist Schlachtmonat. Gefrierschränke gab es noch nicht, und das Schwein bis zum kühlen Januar durchzufüttern war für die meist armen Bauern undenkbar.

Adresse Piazza San Martino, 55100 Lucca, Tel. +39/0583/490530, www.museocattedralelucca.it | Anfahrt am Parcheggio Piazzale Umberto 1 parken, zu Fuß durch die Porta San Pietro, schräg links in Via San Girolamo, an der Piazza del Giglio rechts in die Via Duomo | Öffnungszeiten jederzeit zugänglich | Tipp Weitere Monatsarbeiten findet man in Lucca am Taufbecken in der Kirche San Frediano an der gleichnamigen Piazza.

49__Enoteca Vanni

Terroir-Weine aus dem Römerkeller

Lucca hat römische Wurzeln. Man sieht das noch heute an dem rechtwinklig angelegten Straßennetz der Altstadt. Auch die Piazza dell'Anfiteatro oder die 2010 entdeckte »Casa del Fanciullo sul Delfino« sind Zeugen einer über 2.000 Jahre langen Geschichte. Die Enoteca Vanni, eine Weinhandlung mit einem aus der Römerzeit stammenden Kellerraum, fügt sich da gut ins Bild. Sie liegt im Zentrum, nur ein paar Schritte entfernt vom ehemaligen Forum, dem antiken Marktplatz.

Gegründet wurde die Enoteca 1965 von Giampiero Petroni und seiner Frau Giulietta Vanni. Heute hält deren Sohn Paolo die Fäden in der Hand. Gern begleitet er seine Kunden in die verzweigten Räume des mit etwa 55.000 Flaschen gefüllten Weinkellers. Eine bedeutende Spirituosensammlung mit Akzent auf schottischem Whisky sowie eine Auswahl von deutschem Riesling und Champagner begleiten einen auf dem Weg zu den italienischen Weinen. Diesen gilt das Hauptaugenmerk Paolos. Alle Weingegenden Italiens sind vertreten, doch das Piemont und die Toskana stehen im Zentrum, wobei letztere allein 60 Prozent des Angebots ausmacht. Eine Spezialität der Weinhandlung sind alte Jahrgänge. In dem feuchten und gleichmäßig kühlen Keller reifen diese unter perfekten Bedingungen ihrer Vollendung entgegen. Für die Aufbewahrung von Olivenöl genutzte Steinwannen aus dem Jahr 1805 zeugen davon, dass man die idealen Lagerbedingungen schon früher zu schätzen wusste.

Wer möchte, kann sich bei der Weinsuche fachmännisch beraten lassen. Simone, Paolos rechte Hand, ist diplomierter Sommelier, spricht fließend Englisch und liebt toskanische Weine, die ihr Terroir verkörpern: »Es gab eine Zeit, in der man eher den Stil eines Önologen als die Gegend schmecken konnte, aus der ein Wein stammte«, erinnert er sich. »Heute aber«, fügt er strahlend hinzu, »setzt der toskanische Wein eindeutig auf die Devise ›Herkunft vor Herstellung‹.«

Adresse Piazza San Salvatore 7, 55100 Lucca, Tel. +39/0583/491902, www.enotecavanni.it | **Anfahrt** außerhalb der Stadtmauern parken, zu Fuß von der Porta Sant'Anna in die Via San Paolino, an der Piazza San Michele links in die Via Calderia bis zur Piazza San Salvatore | **Öffnungszeiten** Di–Sa 10–13 und 16–20 Uhr, Mo nur 16–20 Uhr | **Tipp** Die gekauften Weine kann man auch auf dem Platz vor der Enothek genießen. Leonardo Calò serviert dazu toskanische Spezialitäten.

50_Trattoria Gigi

Hüter bester Traditionen

Kulinarisch lässt sich die Provinz Lucca in vier Bereiche aufteilen. Während die Ebene Getreide, Gemüse und Hülsenfrüchte liefert, sind die Luccheser Hügel Wein- und Olivenland. Das nördlich der Stadt gelegene Flusstal des Serchio ist berühmt für Käse, Schinken, Maronen und Emmer, und die Küste versorgt Lucca mit Fisch. Trotz dieses reichhaltigen Angebots ist die traditionelle Luccheser Küche eher einfach und auf Sparsamkeit bedacht. Das zeigt sich auch an den vielen Gerichten, die Reste kreativ wiederverwenden.

Die beste Adresse, um die önogastronomische Tradition Luccas kennenzulernen, ist die Trattoria Gigi. Ihre Anfänge gehen auf das Jahr 1962 zurück, als Luigi Giannini, genannt »Gigi«, ein Lokal an der lebhaften Piazza del Carmine eröffnete. Gemeinsam mit seiner Frau Assunta legte er das gastronomische Konzept fest, das sich auch dann nicht änderte, als Carmine Mariniello die Trattoria übernahm. Nur eine Neuigkeit brachte er mit: Carmine ist Wirt, Stadtführer und Sommelier in einer Person. Küche, Keller und Geschichte weiß er seinen Gästen mit Witz und Wortgewandtheit nahezubringen.

Herzstück seiner Weinkarte ist die flächendeckende Darbietung Luccheser Etiketten. Zur urtypischen Frühlingssuppe *garmuggia* empfiehlt Carmine einen durch Hülsenmaischung erzeugten Trebbiano. Danach ein Teller *rovelline lucchesi*, ein paniertes Rinderschnitzel, das anschließend in einer Tomatensoße mit Kapern gekocht wird. Hierzu passt ein Rotwein der Luccheser Hügel. »Nicht nur aus Sangiovese«, meint Carmine, »sondern auch mit einem kleinen Anteil Merlot, um die Säure der Tomatensoße abzumildern.« Interessante Alternativen für Fischfreunde oder Vegetarier ergänzen das Angebot. Als Nachspeise dann die legendäre *torta coi becchi*. Dazu eine Spätlese oder ein Vin Santo. Wenn Sie die eine oder andere Köstlichkeit zu Hause nachkochen möchten, fragen Sie einfach Carmine.

Adresse Piazza del Carmine 7, 55100 Lucca, Tel. +39/0583/467266 | **Anfahrt** außerhalb der Stadtmauern parken, zu Fuß von der Via Fillungo in die Via Sant'Andrea, links in die Via del Carmine | **Öffnungszeiten** Do–Di 12–15 und 19–23 Uhr | **Tipp** Für einen perfekten Aperitif abseits des Touristenrummels gehen Sie am besten zur »Bar Osteria Lo Stellario« an der Piazza San Francesco (Tel. +39/0583/957004).

51 Apogeo

Pizza und Wein

1830 wurde die erste heute noch existierende Pizzeria in Neapel gegründet. Seither hat die Pizza einen beispiellosen Siegeslauf um die Welt angetreten. Weltweit werden jährlich rund 30 Milliarden davon verzehrt, allein in Italien gibt es um die 75.000 Pizzabäcker. Auf Platz 41 der Weltrangliste steht Massimo Giovannini, Inhaber der Pizzeria »Apogeo«. Dieses astronomische Fachwort bedeutet im übertragenen Sinn »Höhepunkt« oder »maximal erreichbarer Grad einer Entwicklung«. Dorthin strebt Massimo. Absolute Qualität des Teigs und der Zutaten sind sein Ziel. Um es zu erreichen, belegte er Kurse und arbeitete mit Sterneköchen an der Wahl der Zutaten. Dazu hat er noch eine Ausbildung zum Sommelier durchlaufen.

Eine gute Pizza verlangt in der Tat nach einem passenden Getränk. Für viele Freunde des herrlich duftenden Fladenbrotes ist dies ein frisches Bier. »Das ist nicht ganz falsch«, sagt Massimo, »aber auch nicht optimal.« Die Kohlensäure des Biers kontrastiert zwar gut mit dem Fett des Käsebelags. Das kann aber auch ein prickelnder Sekt, und der bringt dann noch etwas mehr Säure mit. Die entfettet unseren Gaumen mit jedem Schluck und macht ihn bereit für den nächsten Happen.

Zur Pizza Margherita eignet sich Lambrusco bestens, und wenn dann noch ein aromatischer Lardo di Colonnata obendrauf kommt, kann auch eine klassische Flaschengärung auf Spätburgunder-Basis die richtige Wahl sein. Wenn Wein und Zutaten aus derselben Gegend stammen, passt es häufig. Zu seiner mit Kapern und Sardellen belegten Pizza empfiehlt Massimo einen sizilianischen Weißwein aus der Traubensorte Grillo, während mit einer pikanten und an Raucharomen reichen Pizza weiche Rotweine harmonieren.

Was aber wären die beste Pizza und die perfekte Weinwahl ohne eine aufmerksame Betreuung der Gäste? Dafür sorgt mit einem Lächeln und viel Charme Massimos Frau Barbara.

Adresse Via Pisanica 136, 55045 Pietrasanta, Tel. +39/0584/793394, www.pizzeriaapogeo.it | **Anfahrt** A 12, Ausfahrt Versilia, am Kreisel 2. Ausfahrt in die Via Unità d'Italia, im nächsten Kreisel 1. Ausfahrt, nach 50 Metern rechts in die Schotterstraße | **Öffnungszeiten** Mi – So 19.30 – 24 Uhr | **Tipp** Wenn es einmal nicht Wein sein soll, ist man beim »Birrificio del Forte« in der Via della Breccia Violetta 5/A an der richtigen Adresse (Tel. +39/0584/793384).

52 Enoteca Vino e Convivio

Weinentdeckungen im Gewerbegebiet

Das Lokal liegt wenige Kilometer außerhalb der Stadt Lucca. Kaum aber hat das Navi das baldige Erreichen des Ziels angekündigt, hält man unwillkürlich an, um die Adresseingabe zu überprüfen. Das kann doch nicht stimmen, mitten im Gewerbegebiet! Vertrauen Sie Ihrem Gerät, es stimmt. Giovanni Monacci, ehemaliger Papierproduzent aus Lucca, hatte bei der Eröffnung seiner Weinhandlung alles andere im Sinn, als den passenden Genius Loci ausfindig zu machen. Stattdessen dachte der praktisch denkende Mann an eine gute Verkehrsanbindung und Parkmöglichkeiten.

Sobald man die Türschwelle überschritten hat, sind die anfänglichen Zweifel verflogen. Böden, Tische und Weinregale aus altem Holz schaffen eine behagliche Atmosphäre, akzentuiert von Weinflaschen an allen Wänden und Ecken, im Korridor und in den speziellen Weinsorten gewidmeten Räumen.

Heute setzen Filippo und Matteo, die Enkel des Gründers, seine Arbeit fort. Mit über 5.000 Etiketten repräsentiert ihre Enothek die italienische Weinlandschaft flächendeckend. Eine kenntnisreiche Auswahl an Spirituosen und ausländischen Weinen rundet das Angebot harmonisch ab. Von der Luccheser Laufkundschaft über den Weinreisenden bis hin zur lokalen Gastronomie – alle werden hier fündig. Untertags bleibt man gern auch auf ein Gläschen, begleitet von leckeren *panini* mit Käse, Salami oder Schinken.

Mittags und abends aber kommt die gastronomische Seite des Lokals voll zum Zuge: Zum *vino* gesellt sich das *convivio*, das gesellige Beisammensein. Dafür ist Andrea zuständig. Seine Neugier auf wenig bekannte Spezialitäten – insbesondere rare Käsesorten – ist so groß, dass er beschlossen hat, ihr mit Gleichgesinnten zu frönen. Eingebunden in dicht gewobene gastronomische Netzwerke, geht er auf die Suche. Seine Funde präsentiert er dann in einem regionaltypischen Menü, das ganz auf die hervorragende Qualität seiner Zutaten setzt.

Adresse Via di Coselli 4/6, 55060 Guamo, Tel. +39/0583/403573, www.vinoeconvivio.com | **Anfahrt** A 11, Ausfahrt Lucca Est, SS 12radd Richtung Pisa, nach 2 Kilometern im Kreisel 2. Ausfahrt, im zweiten Kreisel 1. Ausfahrt, im dritten Kreisel 1. Ausfahrt, geradeaus bis zur Via di Coselli | **Öffnungszeiten** Mo – Do 9.30 – 19.30 Uhr, Sa 9.30 – 23.30 Uhr | **Tipp** Wenige Schritte von der Stadtmaucr Luccas entfernt, in der Via Romana 46/B, liegt die Enothek »Sughero La Vineria« mit feinen Weinen und kleinen Gerichten (Tel. +39/0583/413993).

53__Fattoria Sardi

Die Rosé-Trendsetter

Roséweine liegen im Trend. Das war nicht immer so. Rosa wurde im 20. Jahrhundert in vielen Ländern als feminine Farbe wahrgenommen und deshalb von männlichen Weinkonsumenten oft abgelehnt. Daran vermochte der rosa Anzug des Titelhelden in F. Scott Fitzgeralds Roman »Der große Gatsby« ebenso wenig etwas zu ändern wie Elvis Presleys rosafarbener Cadillac. In Italien hingegen wurde die Farbe Rosa nie ungebrochen der weiblichen Sphäre zugeordnet. So zeigt zwar ein rosa Schleifchen an der Haustür noch heute die Geburt eines Mädchens und ein blaues die Ankunft eines Jungen an, das Wertungstrikot des Führenden beim Radrennen »Giro d'Italia« ist jedoch stets rosa, und auch die vor allem von Männern gelesene Sportzeitung »Gazzetta dello Sport« wird seit 1898 auf rosa Papier gedruckt.

Heutzutage spielen solche kulturellen Faktoren bei der Weinwahl freilich eine immer geringere Rolle, und so haben in den letzten Jahren viele Produzenten auf den Rosé gesetzt. Die Fattoria Sardi ist dabei eindeutig ein Trendsetter: Bereits 2011 kam ihr erster Rosé auf den Markt, und seit Langem machen diese Weine gut 70 Prozent des Sortiments aus. Der biodynamisch arbeitende Betrieb wird von der Familie Giustiniani geführt. Die gebürtige Griechin Mina und das toskanische Urgestein Matteo haben sich beim Önologiestudium in Bordeaux kennengelernt. Mit Leidenschaft arbeiten sie an vom Terroir geprägten Weinen. Bevorzugt bauen sie auf ihren 18 Hektar umfassenden Weinbergen die rote Sangiovese-Traube an, ergänzt durch Syrah, Merlot, Cabernet Sauvignon und Vermentino.

Besonders angenehm ist es, die Weine im Schatten der dem Anwesen vorgebauten Pergola zu genießen. Probieren Sie am besten alle. Der zart nach Himbeeren und Rosen duftende Rosé »Le Cicale« vereint Fülle und Eleganz. Er allein ist bereits der schlagende Beweis dafür, dass in der Toskana Roséweine von internationalem Niveau entstehen können.

Adresse Via della Maulina 747, 55100 Lucca, Tel. +39/0583/341230, www.fattoriasardi.com | Anfahrt von Lucca SP 1 Richtung Camaiore, 1,6 Kilometer hinter der Serchio-Brücke rechts in die Via della Maulina | Öffnungszeiten nach Vereinbarung | Tipp Eine gute Weinkarte mit Pflege der lokalen kulinarischen Tradition kennzeichnet die Antica Locanda Di Sesto in der Via Ludovica 1660 (Tel. +39/0583/578181).

54__Osteria Marconi

Naturwein probieren – wenn nicht hier, wo sonst?

Natur ist gut. So jedenfalls will es eine idyllische Vorstellung, die eine angeblich gute Natur einer vermeintlich bösen Technik gegenüberstellt. Nur: Moränen und Salzwüsten sind ohne jede Frage natürlich, Felder und Weinberge aber nicht. Und doch ziehen die meisten von uns die durch Zypressen, Olivenhaine, Rebzeilen und Steinmauern geprägte toskanische Kulturlandschaft einer unwirtlichen Tundra vor. Durch menschliche Technik lässt sich also bloße Natur verändern und doch ein nachhaltiges Gleichgewicht schaffen. Warum sollte dies beim Wein nicht gelten? Laut Isabelle Legeron, der Autorin von »Natural Wine«, lässt sich von Naturwein nur sprechen, wenn bei der Weinbereitung »nichts zugesetzt oder entfernt wird«. »Nackter Wein« also, wie ihre Kollegin Alice Feiring sagt. Ihre gemeinsame Grundthese ist, dass Wein quasi von selbst entsteht und man nur aufhören muss, ihn mit technologischen Mitteln im Weinberg und Keller zu manipulieren.

Das Thema ist komplex. Die verständliche Kritik an den extrem invasiven Weintechnologien der Neuen Welt hat auf der Seite der Naturwein-Bewegung nicht selten zu dogmatischen Behauptungen geführt. Das gilt vor allem für die Frage nach dem Geschmack von Naturweinen. Schmecken diese sogar besser, nur weil bei ihrer Produktion weniger Technik im Spiel war?

Eine Antwort auf diese Frage können Sie in der Osteria Marconi in Seravezza suchen. Massimiliano Federigi hat hier mit 450 Etiketten einen wahren Tempel für Naturweinfreunde geschaffen. Um das Angebot auch für seine Stammkunden attraktiv zu halten, reist Massimiliano auf der Suche nach neuen, meist kleinen Winzern unentwegt durch die Lande.

Dass er seine mühevolle Suche nicht in die Preisgestaltung eingehen lässt, verdient ein besonderes Lob. Eine feine, auf saisonale Zutaten und lokale Produzenten setzende Küche und ein engagierter Service machen das Ganze perfekt.

Adresse Piazza Mazzini 98, 55047 Seravezza, Tel. +39/0584/1780547 | **Anfahrt** A 12, Ausfahrt Versilia, auf die Via G. B. Vico, nach 2,4 Kilometern rechts auf die SP 68, weiter auf der SP 9 | **Öffnungszeiten** Mo – Sa 18 – 24 Uhr, So 12 – 14.30 und 18 – 24 Uhr | **Tipp** Eine Top-Adresse zum Essen im benachbarten Pietrasanta ist die »Enoteca Marcucci« in der Via Garibaldi 40 (Tel. +39/0584/791962).

55 Pesce Briaco

Wein und Fisch – eine Frage der Harmonie

Harmonie ist ein seltenes Gut. Nicht nur in Kunst, Design und Mode, sondern auch beim Thema Essen und Wein. Die radikalste Ansicht, wie man den richtigen Wein zum Essen findet, behauptet schlicht: »anything goes« – auch ein Riesling mit saurem Hering gehe in Ordnung, solange einem das schmeckt. Sicher sehr demokratisch, aber auch ein Genussversprechen? Besonders bei Fischgerichten kann das ganz schön danebengehen. Will man der Frage in einer Art Feldversuch nachgehen, empfiehlt sich ein Besuch im »Pesce Briaco«, im bedudelten Fisch. Schon der Name des Lokals deutet an, dass man hier gut aufgehoben ist. Es geht um Fisch und Wein, aber trotz höchster Professionalität nimmt man sich auch nicht allzu ernst.

In der Küche regiert Maurizio Marsili, ein hervorragender Kenner mediterraner Fische. Von den rund 800 essbaren Fischarten im Mittelmeer, erklärt er, »gelangen gerade mal 20 tatsächlich auf den Tisch, dabei zumeist noch aus Zuchtbetrieben, mit künstlichem Futter und daher geschmacklich völlig standardisiert«. So geht viel verloren, was Genuss bereiten könnte. Das enorme Potenzial an vernachlässigten Fischarten auszuschöpfen und jede ihren Eigenschaften entsprechend zuzubereiten, darin liegt seine Meisterschaft. Am besten lernt man sie bei einem Degustationsmenü kennen.

Die dazu passenden Weine kauft Andrea Maggi ein. Seine Spezialität sind biodynamische Tropfen – Hauptsache aber, der Wein harmoniert mit den jeweiligen Zubereitungsarten. Denn Fisch ist nicht gleich Fisch. Soßen, Garmethoden und Gewürze spielen bei der richtigen Kombination eine große Rolle. Mit der *cacciucco* genannten Fischsuppe etwa harmoniert ein leichter Rotwein mit geringer Säure weit besser als ein Weißwein. Einfach mal ausprobieren. Im Sommer kann man im herrlichen Garten sitzen, und im Herbst und Winter vermittelt ein Kaminfeuer wohlige Atmosphäre. Alles eine Frage der Harmonie.

Adresse Via della Pieve Santo Stefano 967/C, 55100 Lucca, Tel. +39/0583/332091, pescebriaco.it | **Anfahrt** von Lucca SP 1 Richtung Camaiore, gleich nach der Serchio-Brücke links in die Via di Sant'Alessio, dann in die Via della Pieve Santo Stefano | **Öffnungszeiten** Mo–Fr 19–23 Uhr, Sa und So ab 12 Uhr | **Tipp** Das Weingut »Maestà della Formica« in der Via Taccino 9 in Careggine baut Riesling auf 1.200 Metern über dem Meeresspiegel an. Man kann dort auch essen und übernachten (Tel. +39/349/6921806).

56 Tenuta Lenzini

Bewahrer des Bodens

Das 24 Hektar umfassende Weingut befindet sich in Gragnano, inmitten der schönen Hügellandschaft nordöstlich von Lucca. Hier errichteten ab dem 16. Jahrhundert reiche Luccheser Familien ihre Villen. Der altrömischen Tradition folgend, waren diese immer auch landwirtschaftlich produktive Betriebe. Zu den bedeutendsten Landbesitzern der Gegend zählten die Arnolfini, bis heute berühmt durch das in der National Gallery in London bewahrte Porträt des Malers Jan van Eyck. Mehrere prächtige Villen der Umgebung zeugen vom immensen Reichtum der Arnolfini, auf welche die Anfänge des Betriebs zurückgehen. In der napoleonischen Epoche folgte dann Elisa Bonaparte Baciocchi, die Schwester Napoleons. Spätestens mit ihr gelangten Merlot, Cabernet Sauvignon und Syrah nach Gragnano – Rebsorten, die auch heute das Weingut der Familie Lenzini prägen.

Diese weinbauliche Tradition fortzusetzen hat einen guten Grund. Die Reben wurzeln in einem Boden aus Schluff, Sand und Ton. Der in den meisten Gegenden der Toskana präsente Sangiovese hätte es hier schwer. Eine gute Idee also, es mit französischen Trauben zu versuchen. Geändert hat sich hingegen die Bodenpflege. Das Winzerpaar Bernadette und Michele hat das Weingut auf biodynamische Wirtschaftsweise umgestellt. Das machen in dieser Gegend viele. Selten aber wirkt es so überzeugend wie bei ihnen. Ein Gang durch den Weinberg mit Michele wird zu einem Besuch bei Freunden. »Schau mal, wie gut die Reben aussehen. Die stehen die momentane Trockenheit durch. Denen geht es hier richtig gut!«, sagt er mit tiefer Zufriedenheit und setzt hinzu: »So was geht nur mit gesunden Böden.«

Im Vergleich zur personalintensiven Weinbergsarbeit geht es im Keller geradezu minimalistisch zu. Das Ergebnis sind fein duftende Weine mit charmanten salzigen Anklängen. Die gut eingebundene Säure verleiht ihnen Frische und Trinkfluss.

Adresse Via della Chiesa 44, 55012 Gragnano, Tel. +39/0583/974037, www.tenutalenzini.it | Anfahrt von Lucca über den Viale Castruccio Castracani und die Via Pesciatina, im Dorf links Richtung Gragnano und in die Via della Chiesa | Öffnungszeiten nach Vereinbarung | Tipp Das »Ristorante Mecenate« in der Via del Fosso 94 in Lucca bietet beste Weine und Küche in Slow-Food-Ambiente (Tel. +39/0583/511861).

57 Osteria del Mare

Frischer Fisch mit Fiano

Nicht alle Strände sind gleich. Mit seiner über 7.000 Kilometer langen Mittelmeerküste hat Italien einiges zu bieten. Von der sizilianischen Scala dei Turchi bis zur ligurischen Baia di San Fruttuoso, von der Cala Luna in Sardinien bis zur Baia delle Zagare in Apulien – alles Strandgenuss der Spitzenklasse. Die Versilia, der toskanische Küstenabschnitt zwischen Torre del Lago und Forte dei Marmi, kann mit solchen Naturschönheiten kaum konkurrieren. Dennoch kamen und kommen viele hierher, vor allem nach Forte dei Marmi.

Den Auftakt machte die deutsche Familie Siemens. Ihre 1899 errichtete Villa Apuana besteht noch heute. Nach dem Ersten Weltkrieg folgten die Agnellis. In ihrer Villa Costanza, heute ein Luxushotel, verbrachten die Gründer des Fiat-Konzerns 30 Jahre lang ihre Ferien. Ruhe und Eleganz des Ortes zogen aber auch Künstler und Schriftsteller an – von Henry Moore über Thomas Mann bis hin zu Mina und Andrea Bocelli.

Trotz dieser illustren Schar gab es bis in die 1960er Jahre kaum Restaurants. Man aß in der eigenen Villa oder ließ sich das Essen am Strand servieren. Heute können zum Glück auch villenlose Reisende hier etwas zu essen bekommen. Das kann teuer werden, muss es aber nicht.

In der Osteria del Mare dürfte das Preis-Leistungs-Verhältnis am stimmigsten ausfallen. In dem von Marco Vaiani geführten Lokal werden auch Käse und Schinken serviert, unbestrittener Protagonist der Speisekarte ist jedoch fangfrischer Fisch. Bei der Auswahl aus etwa 1.000 Etiketten hilft geschultes Personal. Als Antipasto sollte man die hauchdünne Pizza mit Bufala-Mozzarella und Kürbisblüten probieren. Dazu passt ein feiner »Fiano« aus Kampanien. Zum Thunfisch im Kräutermantel empfiehlt Sommelier Armando hingegen eine Südtiroler »Schiava« und für die berühmten Gnocchi mit Scampi einen Vermentino der toskanischen Küste. Keine Sorge: Der Abend nimmt einen guten Verlauf.

Adresse Via Achille Franceschi 4/C, 55042 Forte dei Marmi, Tel. +39/0584/83661, www.osteriadelmareforte.it | Anfahrt A 12, Ausfahrt Versilia, Via G. B. Vico, am 2. Kreisel 3. Ausfahrt, am Ende der Via XX Settembre rechts und 650 Meter weiter | Öffnungszeiten Fr–Mi 12.30–14.30 und 19.30–22.30 Uhr | Tipp Im schönen Viareggio bietet in der Via Giuseppe Zanardelli 151a die »Enoteca Sergio« eine große Auswahl (Tel. +39/0584/963750).

58 Terenzuola

Grenzweine

Wein verbindet. Nicht nur in der geselligen Runde von Weinfreunden, sondern auch unter Winzern. Ihr Bewusstsein, einen Boden, Rebsorten und eine Tradition zu teilen, bringt eine gemeinsame Weinbaukultur hervor. Oft steht diese quer zu politischen Grenzen. Bisweilen hat die Weingesetzgebung dem Rechnung getragen und grenzüberschreitende Weingebiete zumindest innerstaatlich anerkannt. Ein Beispiel dafür ist das Weinbaugebiet Colli di Luni DOC. Es erstreckt sich über 14 Gemeinden in Ligurien und drei weitere in der angrenzenden Toskana. So ein von politischen Kleinlichkeiten befreites Terroir ist schon etwas Besonderes. Manchem geht das jedoch nicht weit genug.

Einer von ihnen ist Ivan Giuliani. 1993 entschloss er sich, das an der Grenze zu Ligurien liegende Weingut seines Großvaters zu übernehmen. Während seines Militärdienstes war er im Friaul stationiert, an der Grenze zwischen Italien und Slowenien. Grenzpfähle, Flaggen, Passkontrolle. Er spürte rasch: Das Bewusstsein der Winzer auf beiden Seiten der Grenze, ein einheitliches Terroir zu bearbeiten, stand im Kontrast zu den Hoheitsansprüchen der Staaten. Diese Erfahrung führte ihn zu seinem Projekt eines grenzüberschreitenden Weinbaus. Das bedeutet nun nicht, standardisierte Einheitsweine produzieren zu wollen. Im Gegenteil: Abgrenzungen spielen im Qualitätsweinbau eine große Rolle. Seiner Meinung nach bildet jedoch die gegenwärtige Einteilung der Weinbaugebiete die agronomischen, klimatischen und kulturellen Gemeinsamkeiten des Weinbaus nur unzureichend ab. Deshalb verzichtet Ivan auch schon mal auf die verkaufsfördernde DOC-Anerkennung eines Weins.

Wer Ivans territorial exakt unterscheidbare Weine aus Vermentino-Trauben einmal kennengelernt hat, wird ihm recht geben: Solche Weine besitzen eine innere Logik, ein kulturell und geschmacklich überzeugendes Profil – alles eine Frage der Grenzen.

Adresse Via Vercalda 14, 54035 Fosdinovo, Tel. +39/0187/670387, www.terenzuola.it | Anfahrt A 12, Ausfahrt Sarzana, SS 62 Richtung Sarzana, weiter Richtung Fosdinovo | Öffnungszeiten nach Vereinbarung | Tipp Feinste Küche mit einer gut sortierten Weinkarte findet man kurz unterhalb des Weinguts in der »Locanda dei Banchieri« (Via Porredo 32, Tel. +39/333/1849263).

59 Enoteca Borgo di Vino

Pisa con gusto

Pisa hat einen weltberühmten Turm. Seinetwegen strömen jedes Jahr Millionen von Besuchern in die Stadt. Die meisten machen schnell ein paar Fotos, staunen und fahren weiter. Das historische Zentrum dagegen bleibt ein weißer Fleck auf ihrer Karte der Sehenswürdigkeiten.

Wer länger verweilt und genauer hinsieht, wird belohnt. Nur wenige Meter vom Schiefen Turm entfernt beginnt die Pisaner Altstadt, und bis zum breiten, gemächlich dem Meer zuströmenden Arno sind es gerade einmal fünf Minuten zu Fuß. In den herrlichen Palästen an seinen Ufern befinden sich bedeutende Museen: Das im Arsenal der ehemaligen Seerepublik untergebrachte »Le Nave Antiche di Pisa« birgt Schiffe aus der Römerzeit, das »Museo Nazionale di San Matteo« ist berühmt für seine Kunstwerke des Mittelalters, und im »Palazzo Blu« sind wechselnde Ausstellungen zur modernen Kunst zu sehen.

Auf den Straßen aber dominieren die über 50.000 Studierenden. Sie bestimmen das Angebot aus Küche und Keller. Pizzerien, Pubs und Cafés bilden hier eine schier endlose Reihe, unterbrochen nur von ein paar Geschäften für den täglichen Bedarf der restlichen Bewohner. Die Verbreitung von Weinkultur hat es da nicht leicht.

Lorenzo Servadio hat es dennoch geschafft. In der mittelalterlichen Laubengasse mit dem Namen Borgo Stretto – dem vielleicht schönsten Teil Pisas – betreibt er seit 2009 eine Weinhandlung mit rund 1.000 Etiketten. Seine Liebe gilt den Weinen des Burgund, doch auch die Toskana und Regionen im Süden und Norden des Stiefels sind mit Angeboten vertreten, bei denen selbst der Kenner Entdeckungen macht. Wer etwas mehr Zeit mitbringt, kann es sich an einem der schattigen Außentische oder auch in dem hübsch eingerichteten Innenraum bequem machen und von den glasweise ausgeschenkten Weinen probieren. Ein Käseteller sowie oft wechselnde kleine Gerichte sind die passende Begleitung. *Pisa con gusto.*

Adresse Borgo Stretto 63, 56127 Pisa | **Anfahrt** kostenlose Parkmöglichkeiten am Parcheggio Via Pietrasantina, von dort Bus LAM Rosso bis zur Haltestelle Lungarno Pacinotti / Piazza Garibaldi, an der Piazza links in die Gasse Borgo Stretto | **Öffnungszeiten** Di – So 10 – 13.30 und 16.30 – 21 Uhr, Mo 16 – 20.30 Uhr | **Tipp** Bei »Manufatto Cacao« in der Via Andrea Pisano 95 gibt es Weinpralinen, ausgezeichnet mit der »Tavoletta d'oro«, dem Oscar der Schokoladenbranche!

60_Beconcini

Das Wandern ist der Reben Lust

Autochthone Rebsorten sind in. Sieht man jedoch näher hin, erweist sich deren standhafte lokale Verwurzelung oft als Schein. Ein paar Beispiele? Neueren Forschungen zufolge liegen die Ursprünge des Sangiovese nicht in der Toskana, sondern in Süditalien. Apuliens Leitrebe Primitivo hatte ihre Wiege in Kroatien, und der vermeintlich urfränkische Silvaner stammt aus Österreich. Reben reisen viel. Zum Glück, denn verhielten sie sich lokalpatriotischer, gäbe es Weinbau nur in seinem Ursprungsland, im Kaukasus.

Früh erkannte man die Eignung der Rebe, auch längere Transportwege zu überstehen. Und so ging es kreuz und quer um den Globus. Den Auftakt machten die Griechen und Römer. Später folgten Engländer und Holländer. Größere Delokalisierungen von Rebsorten resultierten häufig aus wirtschaftlichen Überlegungen, galt es doch, kostspielige Weintransporte in ferne Kolonien zu vermeiden. Auch bei der Neugründung von Klöstern dürften ähnliche Erwägungen eine Rolle gespielt haben. Nicht selten aber hatte der Zufall die Hand im Spiel.

So jedenfalls im Fall des Weinguts Beconcini. Was man hier lange Zeit für Malvasia Nera hielt, entpuppte sich bei einer DNA-Analyse als Tempranillo. Wie diese spanische Rebsorte in die Toskana gelangte, lässt sich nicht mit Sicherheit sagen. Vielleicht waren es Pilger, die sie auf ihrem Weg nach Rom mitbrachten, mutmaßen Eva und Leonardo Beconcini. Dass die Via Francigena genannte Pilgerstraße durch ihre Weinberge führt, macht es durchaus plausibel.

Eine Probe des toskanischen Tempranillo sollte man mit dem frischen »Rosé Fresco di Nero« beginnen und dann mit dem »IXE« und dem »Vigna Le Nicchie« fortsetzen. Letzterer wird aus wurzelechten Weinstöcken gewonnen, welche die Reblauskatastrophe problemlos überstanden. Das schädliche Insekt flog an dem Weinberg achtlos vorbei. Manchmal ist es eben auch gut, wenn ein Reiseziel ausfällt.

Adresse Via Montorzo 13/A, 56028 San Miniato, Tel. +39/0571/464785, www.pietrobeconcini.com | **Anfahrt** SGC Florenz–Pisa–Livorno, Abfahrt Empoli Ovest, im Kreisel 1. Ausfahrt rechts, an der Kreuzung links, nach 1,5 Kilometern rechts, nach 1,6 Kilometern links, der Beschilderung folgen | **Öffnungszeiten** nach Vereinbarung | **Tipp** Die »Piccola Osteria del Tartufo« an der Piazza del Popolo bietet leckere Speisen mit lokalen Weinen (Tel. +39/0571/543632).

61__Caiarossa

Auf der Suche nach dem harmonischen Wein

Was ist Harmonie? Gute Frage, könnte man ironisch einwerfen. Schließlich gibt es kaum einen Bereich der Kultur, der sich nicht mit Harmonie beschäftigen würde. Auch die Weinliteratur macht da keine Ausnahme. Weine sind harmonisch, ließe sich formulieren, wenn all ihre Eigenschaften in optimaler Weise ausgewogen sind. Diese Ausgewogenheit ist allerdings nie spannungsfrei, jedenfalls bei großen Weinen. Vollkommen ausgeglichene Weine ohne jegliche Ecken und Kanten sind nicht harmonisch, sondern schlicht langweilig.

Solche Gedanken macht man sich auch auf dem biodynamischen Weingut Caiarossa. Seine Weine sind technisch einwandfrei und zugleich äußerst facettenreich und dynamisch. Im Glas entwickeln sie sich über Stunden. Man kann das auch spannend nennen. Ein Beispiel ist der aus mehreren Rebsorten komponierte »Caiarossa«. Im Jahrgang 2019 sind das: 26 Prozent Syrah, 24 Prozent Cabernet Franc, 23 Prozent Merlot, 14 Prozent Cabernet Sauvignon, sieben Prozent Petit Verdot, vier Prozent Sangiovese und zwei Prozent Grenache. In selektiver Lese werden die Trauben eingebracht und dann separat vinifiziert. Erst nach der malolaktischen Gärung vereint man die einzelnen Partien. Der Wein reift anschließend noch 14 Monate in Barriques aus französischer Eiche unterschiedlichen Alters. Hier kommt alles auf das Geschick des Kellermeisters an. Ohne ihn ließe sich das harmonische Optimum nicht erreichen. Dieses an den Wohlklang eines vielstimmigen Chors erinnernde Konzept wird mit dem »Tresoro« auf die Spitze getrieben. Er ist ein Blend aus Cabernet Franc und Merlot von zwei Nachbargütern mit eigenem Cabernet Sauvignon. Die drei Partien werden separat in Amphoren vinifiziert, reifen getrennt in Barriques, um schließlich in einem Verschnitt zusammenzufinden.

Ob die Harmonie der Weine von Caiarossa auch durch die Feng-Shui-Prinzipien gefördert wird, nach denen der Keller gebaut wurde, ist eine andere Frage.

Adresse Via per Montescudaio 59, 56046 Riparbella, Tel. +39/0586/699016, www.caiarossa.com | **Anfahrt** E 80, Abfahrt Cecina Nord, SS 68 Richtung Volterra, nach 9,3 Kilometern links auf die SC Montescudaio | **Öffnungszeiten** nach Vereinbarung | **Tipp** Das Restaurant »SaQua« in Montescudaio bietet feine Küche in schönem Ambiente und eine interessante Weinkarte (Viale Vittorio Veneto 40, Tel. +39/0586/650381).

62 Cosimo Maria Masini

Napoleon, Biodynamik und junge Leute

San Miniato hat Besuchern viel zu bieten. Trüffel, Wein, eine Kaiserpfalz der Staufer und sogar den Ursprungsort der Familie Bonaparte. Napoleon und die Toskana? Durchaus, die Abstammung des im korsischen Ajaccio geborenen Napoleon Bonaparte von der adligen Familie Buonaparte aus San Miniato ist historisch gut belegt. Napoleons Vater Carlo studierte in Pisa Jura und wurde während seiner Abschlussprüfung im November 1769 als toskanischer Adliger aktenkundig. Auch Napoleon selbst hegte gegenüber seinen toskanischen Wurzeln keine Zweifel: Während seines Italienfeldzugs besuchte er 1796 in San Miniato den Kanoniker Filippo Buonaparte, den letzten Spross des toskanischen Familienzweigs.

Die Buonapartes besaßen Villen und bedeutendes Grundeigentum in der Umgebung. Dazu gehörte auch die Villa Selva, Herzstück des Weinguts Cosimo Maria Masini. Heute werden hier vor allem die toskanischen Traubenarten Sangiovese, Canaiolo, Trebbiano, Malvasia Bianca und Nera sowie Vermentino angebaut. Daneben ein wenig Sauvignon, Cabernet Franc und Cabernet Sauvignon. Nicht zu vergessen die seltene autochthone Rebsorte Sanforte. Aus ihr keltert das Weingut seit 2016 einen sortenreinen, feinen Rotwein.

Die Identität des Betriebs stiftet jedoch vor allem seine biodynamische Arbeitsweise. Seit 2014 tragen die Weine das Demeter-Zertifikat. Unter Leitung des Agronomen Francesco de Filippis entstehen so eigenwillige, tiefgründige Terroir-Weine, bei denen seine persönliche Handschrift klar hervortritt. In seiner Arbeit wird Francesco von einem internationalen Team unterstützt. Das Weingut ist Partner von WWOOF, einer 1971 gegründeten Bewegung, die junge Menschen mit Ausbildungsbetrieben biologischer und biodynamischer Landwirtschaft in Verbindung bringt. Bei einem Besuch des Weinguts verschmelzen all diese Elemente zu einem ungewöhnlich vielseitigen weintouristischen Erlebnis.

Adresse Via Poggio a Pino 16, 56028 San Miniato, Tel. +39/0571/465032, www.cosimomariamasini.com | Anfahrt SGC Florenz–Pisa–Livorno, Abfahrt Empoli Ovest, im Kreisel 1. Ausfahrt, an der Kreuzung links, nach 1,6 Kilometern rechts, nach 1,1 Kilometern links, nach 1,3 Kilometern auf die Via S. Lazzaro, dann rechts ab | Öffnungszeiten nach Vereinbarung | Tipp Biodynamische Weine mit raffinierter vegetarischer Küche gibt es im »Ristorante Maggese« in der Via IV Novembre 29 (Tel. +39/0571/1723546).

63 Tenuta di Ghizzano

Gegenstrebige Fügung

Lange Zeit herrschte im toskanischen Weinbau die Überzeugung vor, perfekter Wein entstehe im Keller, und zwar durch Hinzufügen. Merlot oder Cabernet Sauvignon wurden dem Sangiovese beigesellt, um ihm Konzentration und Länge zu verleihen. Selektionierte Hefen und die Wunderwaffe Barrique fanden ausgiebig Anwendung. Auf diese Weise entstanden einige der größten Weine Italiens, aber auch hyperkonzentrierte, muskulöse Kunstweine ohne territoriale Identität.

Ab der Jahrtausendwende kam eine neue Idee auf. Große Weine, hieß es nun, entstünden nahezu von selbst, vor allem im Weinberg. Sangiovese, am richtigen Ort gepflanzt und gepflegt, besitze bereits sein volles Potenzial, das es nur freizusetzen gelte. Ganz wie Michelangelo es einst für die Bildhauerei formuliert hatte: Die Kunst besteht im Wegnehmen, im Entfernen alles Überflüssigen.

Bei einem Besuch der von Ginevra Venerosi Pesciolini geführten Tenuta di Ghizzano kann man diese Geschichte glasweise nachvollziehen. Der 1985 kreierte »Veneroso« besteht aus 70 Prozent Sangiovese und 30 Prozent Cabernet Sauvignon; er reift in Fässern aus französischer Eiche. Auch der großartige »Nambrot« aus dem Jahr 1996 folgt prinzipiell noch dem gleichen Ansatz. 2018 dann das Gegenstück: »Mimesi«, ein sortenreiner, minimalistisch erzeugter Sangiovese. Seine Grundlage bildet eine biodynamische Pflege des Weinbergs. »Trauben, die in Harmonie mit der Natur wachsen«, sagt Ginevra, »tragen bereits das Potenzial für exzellente Weine in sich.« Sanfte Traubenpressung mit den Füßen, Spontanvergärung im Zement und anschließende Reifung in Amphoren besorgen den Rest. Das Ergebnis ist ein meisterlich territorialer, geradezu ziselierter Sangiovese. Alle drei Weine zusammen aber beweisen, dass zumindest im Glas der Gegensatz zwischen Hinzufügen und Wegnehmen, zwischen Veneroso, Nambrot und Mimesi kein absoluter ist. Eher eine gegenstrebige Fügung.

Adresse Via della Chiesa 4, 56037 Ghizzano di Peccioli, Tel. +39/0587/630096, www.tenutadighizzano.com | **Anfahrt** SGC Florenz–Pisa–Livorno, Abfahrt Pontedera, SP 11 Richtung Volterra, nach 10,4 Kilometern am Kreisel 3. Ausfahrt, rechts auf die SP 11, nach 3,4 Kilometern auf die Strada Comunale di Ghizzano | **Öffnungszeiten** nach Vereinbarung | **Tipp** Unterkunft, Küche und Weinkarte sind außergewöhnlich im Guest House »Casa Masi« in der Via Collerucci 53 in Montaione (Tel. +39/0571/677170).

64__Varramista

Vespa, Wein und Wochenende

Den Anfang machten Gregory Peck und Audrey Hepburn im Film »Roman Holiday« von 1953. Einige Jahre später folgte die berühmte Vespa-Szene in Federico Fellinis »La dolce vita«. Danach war kein Halten mehr. Bis heute wird die Vespa mit Freiheit und italienischem Lebensstil assoziiert. Weinliebhaber, die dem Mythos an seinem Originalschauplatz huldigen möchten, haben die Qual der Wahl. Es gibt organisierte Weintouren mit der Vespa, und ihr Hersteller, die Firma Piaggio, hat im Frühjahr 2022 das Modell Pic Nic, eine eigens für Weintouristen entwickelte Vespa, auf den Markt gebracht – Kühltasche inklusive.

Weniger bekannt ist, dass es auch ein toskanisches Weingut gibt, das eng mit dem legendären Roller verknüpft ist. Die Geschichte hat ihren Ursprung in den Fabrikhallen der Firma Piaggio in Pontedera. Corradino D'Ascanio, von Enrico Piaggio mit der Konstruktion eines Motorrollers beauftragt, entwickelte dort im Jahr 1946 das Modell 98cc. Noch heute wird die Vespa dort gebaut. Wenige Kilometer von der Produktionsstätte entfernt befindet sich Varramista. Das Weingut war einst Wohnsitz der Familie Piaggio. Die schöne Anfahrt über eine lange Allee führt hinauf zu einer von einem Park umgebenen Villa. Das im Stil der Spätrenaissance errichtete Anwesen geht auf einen Entwurf des Baumeisters und Bildhauers Bartolomeo Ammanati zurück. Der Name kommt Ihnen bekannt vor? Genau, der Neptunbrunnen in Florenz und der Innenhof im Palazzo Pitti sind ebenfalls von seiner Hand.

Nach einer Kellerführung kann man einen Teil des Gebäudes sowie die Gartenanlage besichtigen, bevor man in einem gemütlichen Raum zur Weinprobe Platz nimmt. Das Flaggschiff des Weinguts ist der zu 100 Prozent aus Syrah gekelterte »Varramista«. Der Wein bleibt 18 Monate lang in Barriques aus französischer Eiche und reift danach noch einmal 60 Monate lang in der Flasche weiter, bevor er auf den Markt kommt.

Adresse Via Ricavo, Località Varramista, 56020 Montopoli in Val d'Arno, www.varramista.it | **Anfahrt** SGC Florenz–Pisa–Livorno, Abfahrt Montopoli Val d'Arno, im Kreisel 3. Ausfahrt, Eingang zum Weingut rechts | **Öffnungszeiten** nach Vereinbarung | **Tipp** Lust auf Qualitätshamburger, Pizza und Grillfleisch in lockerer Atmosphäre? Das alles gibt es ganz in der Nähe bei »Ganzo« in der Via del Risciolo (Tel. +39/0571/468035).

65__Villa Saletta

Dornröschen erwacht und wird Winzerin

Pisa ist anders. Von allen Weinregionen der Toskana ist es am spätesten aus seinem Dornröschenschlaf erwacht. Als der Brunello di Montalcino, der Chianti Classico, die Cabernets und Merlots aus Bolgheri bereits in den großen Restaurants der Welt ausgeschenkt wurden, herrschte im Schatten des Schiefen Turms noch eine verträumte Stille. Erst in letzter Zeit bewegte sich etwas. Die Familie Lunelli, bekannt für die Sektmarke Ferrari, erwarb die Tenuta Podernovo in Terricciola. Außerdem wurde Torre a Cenaia, ein ehemaliges Gut der Florentiner Familie Pitti, dank der Coppini zu einem vielseitigen Weinresort ausgebaut. Das Pisaner Winzerland schaltete den Turbo ein.

Das zeigt auch der Wiederaufbau des Landgutes Villa Saletta. Einst gehörte es den Riccardis. Von einem um 1350 aus Köln eingewanderten Schneider abstammend, stiegen die Riccardis zu ungeheurem Reichtum auf. Zu Markgrafen geadelt, erwarben sie wenig später den Palazzo Medici in Florenz. Von da an ging es jedoch stetig bergab mit der Familie und ihren Gütern.

Im Jahr 2000 kaufte die Familie Hands das völlig heruntergekommene Gut. Die Hands sind Eigner der englischen Luxushotelmarke »Hand Picked« und bringen das nötige Know-how und Kapital mit, um den Wiederaufbau zu meistern. Seit 2016 ist der Önologe David Landini für den Betrieb verantwortlich. Seine zuvor bei Frescobaldi und Antinori gesammelten Erfahrungen fließen in das neue Projekt ein. Gerade mal 40 der über 700 Hektar Land wurden für die Weinproduktion ausgewählt. Denn Biodiversität ist die Leitidee. Die Produktion hochwertiger Cabernet Sauvignon und Cabernet Franc, Merlot und Sangiovese hat das Landschaftsbild nicht verändert: Wiesen, Äcker und Wälder sind geblieben. Eingefallene Bauernhäuser verwandeln sich in Restaurants und Ferienwohnungen. Verkostungsräume und ein moderner Weinkeller entstehen. Dornröschen, wach geküsst aus langem Schlaf, wird Winzerin.

Adresse Via Fermi 14, Località Montanelli, 56036 Palaia, Tel. +39/0587/628121, www.villasaletta.com | **Anfahrt** SGC Florenz–Pisa–Livorno, Abfahrt Pontedera, SP 11 Richtung Volterra | **Öffnungszeiten** nach Vereinbarung | **Tipp** Für den Einkauf hochwertiger Käse, Wurstwaren, Schinken, Nudeln und Weine halte man bei »Italica« in der Via Giacomo Puccini 23 in Baccanella-Palaia an.

66__Papaveri e Papere

Toskanische Trüffelfreuden

Das Hügelstädtchen San Miniato kann sich gleich zweier Kaiser rühmen: Unter dem Staufer Friedrich II. war es eine bedeutende Kaiserpfalz, und 1778 besuchte es der junge Napoleon Bonaparte mit seinem Vater Carlo, um sich seine karriereförderliche Abstammung aus dem toskanischen Adelsgeschlecht der Buonaparte bescheinigen zu lassen.

Heute ist San Miniato vor allem für die Qualität seiner weißen Trüffel *(tuber magnatum picum)* bekannt. 1954 hat man hier ein angeblich 2.519 Gramm schweres Exemplar gefunden und mit Gespür für Marketing dem amerikanischen Ex-Präsidenten Truman geschenkt. Seither ist der Ort ein Mekka des weißen Trüffels. Dessen Freunde lassen sich diese Spezialität vom 10. September bis zum 31. Dezember in der lokalen Gastronomie schmecken. Am besten in dem Restaurant »Papaveri e Papere« von Paolo Fiaschi.

Das 2009 eröffnete Lokal pflegt eine klassische toskanische Küche, die Paolo kreativ weiterentwickelt, indem er Wünsche seiner Gäste aufgreift. Die dazu passenden Weine empfiehlt Daniele Palavisini. Seine Liebe gehört der roten Sangiovese-Traube, doch bei Trüffelgerichten rät der Sommelier zu moderat aromatischen Weißweinen: einem Sauvignon Blanc oder einem mineralisch geprägten Vernaccia di San Gimignano. Gern dürfen es auch ältere Jahrgänge sein, mit allenfalls leichtem Holzton, um die zarten Trüffelaromen nicht zu verdecken. Man darf sich seinem fachkundigen Rat vertrauensvoll überlassen. Hier wird Weingenuss nicht zelebriert, sondern im Gespräch mit dem Gast gesucht. Ob die Wahl nun auf ein Trüffelgericht, die mit Entenfleisch gefüllten Tortelli an Orangen-Zabaione, das Hirschsteak mit Myrtensoße oder ein Fischgericht fällt – in dem in ländlich stiller Umgebung liegenden Lokal fühlt man sich einfach wohl. Im Sommer kann man an Tischen im Freien Platz nehmen und in der übrigen Jahreszeit in dem modern eingerichteten Gastraum.

Adresse Via Dalmazia 159/D, 56028 San Miniato, Tel. +39/0571/1409422, www.papaveriepaolo.com | **Anfahrt** SGC Florenz–Pisa–Livorno, Abfahrt San Miniato, SP 436, dann rechts Richtung Pisa auf die SS 67, links auf die Via Catena, nach 2,2 Kilometern rechts auf die SP 39 | **Öffnungszeiten** Mo, Di, Do–Sa 19.30–22 Uhr, So 12.30–14 Uhr | **Tipp** Unbedingt in der ausgezeichneten Metzgerei Sergio Falaschi in der Via Augusto Conti 18 vorbeischauen!

67_Baldo Vino

Ein Weinantiquar in Pistoia

1998. Ein paar Studenten treffen sich zum Abendessen. Es wird viel getrunken und lebhaft diskutiert. Der Alkohol beflügelt die Vorstellungskraft … So etwas kommt häufig vor, und meist können sich die Beteiligten am nächsten Tag an keines ihrer hochfliegenden Projekte mehr erinnern.

Der Architekturstudent Francesco Balloni und seine Freunde hingegen schafften es. Ihre Idee, einen Weinclub zu gründen, um ihrer Leidenschaft fortan systematisch frönen zu können, überlebte die feuchtfröhliche Nacht. »Baldo Vino« sollte er heißen, der übermütige Wein, wie die heitere Stimmung, der das Projekt entsprang. Drei Jahre später kaufte man die Lizenz einer alten Osteria und machte Ernst mit Service und Küche.

Unter Francescos Leitung hat sich das Lokal mittlerweile zu einer Topadresse für Weinfreunde entwickelt. Über die Jahre hat er einen spannenden Weinkeller mit mehr als 3.000 Etiketten aufgebaut. Das Schöne daran: Er reicht die Flaschen mit sehr moderater Gewinnspanne an seine Gäste weiter. Seine große Leidenschaft für Bordeaux und Champagne verleugnet Francesco nicht. Doch dann geht es kreuz und quer durch den Stiefel, wobei nicht nur die Toskana mit vielen alten Jahrgängen vertreten ist. Dazu passen die Speisen. Lokale Gerichte und Zutaten kennzeichnen das Menü, ergänzt durch französische und asiatische Einflüsse. Eine kreative, feine Küche, die trotz ihrer Klasse bodenständig bleibt, was sich auch an den Portionen zeigt.

Über Antiquare aus Florenz und London erhielt Francesco Holzregale aus den Uffizien, das schmiedeeiserne Geländer eines Theaters, Glasfenster einer Florentiner Jugendstilvilla und englische Wedgwood-Teller. Mit ihnen schuf er Gasträume von unvergleichlichem Ambiente. Besuchen Sie die nahe gelegene Kirche Sant'Andrea mit Giovanni Pisanos Kanzel, den Dom und das Ospedale del Ceppo. Dann aber ab zum Weinantiquar Francesco. Zum Wohl!

Adresse Piazza San Lorenzo 5, 51100 Pistoia, Tel. +39/0573/21591, www.enotecabaldovino.it | Anfahrt Parkmöglichkeiten direkt vor dem Lokal; vom Museo dello Spedale del Ceppo 230 Meter zu Fuß, vom Dom 300 Meter | Öffnungszeiten Mo–Fr 12.30–14.30 und 19.30–23.30 Uhr, Sa 19.30–23.30 Uhr | Tipp Wer nur ein gutes Glas Wein und ein kleines Gericht in schöner Umgebung sucht: Wenige Schritte entfernt befindet sich die Weinbar »Bibendum«.

68__Marchesi Pancrazi

Der Sangiovese, der keiner war

Wie leicht Pflanzen verwechselt werden können, weiß jeder Pilzsucher. Deshalb kommt es auch häufig vor. Nicht immer hat es so dramatische Folgen wie beim Verwechseln eines Wiesenchampignons mit einem Knollenblätterpilz, aber ärgerlich ist es immer. In toskanischen Weinbergen standen lange Zeit vorgebliche Sangiovese-Reben, die gar keine waren. Nur selten war dabei grobe Fahrlässigkeit oder gar Absicht der Rebschule im Spiel. Die Folgen einer Verwechslung waren jedoch häufig schwerwiegend. Einen Weinberg kann man eben nicht von heute auf morgen neu anlegen.

Was also tun, wenn man entdeckt, dass der bestellte und gepflanzte Sangiovese keiner ist? Sind es nur ein paar Reben, mag der Winzer darüber hinwegsehen, solange er später nicht einen sortenreinen Wein in den Handel bringen will. Was aber, wenn alle gelieferten Stecklinge einer anderen Sorte angehören? Das fragten sich die Marchesi Pancrazi, als ihre in den 1970er Jahren ausgepflanzten Sangiovese-Stecklinge ein Spätburgunder-Profil zeigten. Mach aus der Not eine Tugend, sagten sie sich und blieben beim Spätburgunder.

Das war keine leichte Entscheidung. Wenn man nicht in Baden, Burgund oder Südtirol einen Weinberg besitzt, kann einem da das Klima dazwischenkommen. Der Spätburgunder liebt ein kühleres Klima, als es der toskanische Sommer und Herbst bietet. In den hohen Lagen der Garfagnana oder im östlich von Florenz gelegenen Mugello kann das funktionieren, aber woanders ist es oft einfach zu heiß. Die Weine geraten dann marmeladenartig breit. Der Önologe Nicolò D'Afflitto erkannte jedoch die Eignung der Pancrazi-Lagen für Spätburgunder. Und so entschied man, es weiter mit der Sorte zu versuchen.

Mittlerweile sind die Reblagen mit sorgsam ausgewählten Klonen bestückt. Besonders interessant ist der »Vigna Baragazza« aus einer hoch gelegenen Einzellage, die mit dem Burgunder-Klon 777 bepflanzt wurde.

Adresse Via Montalese 156, 59013 Montemurlo-Prato, Tel. +39/0574/652748, www.pancrazi.it | **Anfahrt** A 11, Ausfahrt Prato Ovest, SS 719, über den Viale dell'Unione Europa auf die Via Pistoiese, links ab in die Via di Montemurlo | **Öffnungszeiten** nach Vereinbarung | **Tipp** Seit 1927 besteht in der Via Sant'Agostino 45 in Pistoia das Ristorante »Rafanelli« – zu Recht (Tel. +39/0573/23046).

69__To Wine

Es muss nicht immer Champagner sein

In Prato steht eine riesige Marmorstatue. Sie stellt den Kaufmann Francesco di Marco Datini dar. Als die Pest 1348 seine Eltern hinwegraffte, machte er sich – noch nicht einmal 13-jährig – auf den Weg in die Selbstständigkeit: »Im Namen Gottes und des Geschäfts«, so ein ihm zugeschriebenes Motto. Seines beispiellosen wirtschaftlichen Erfolges wegen gilt er bis heute als Inbegriff des »Homo oeconomicus«.

Datinis Geburtsort Prato steht etwas im Schatten seines großen Nachbarn Florenz. Die für ihre Textilindustrie bekannte Stadt tut sich schwer, Reisende auf sich aufmerksam zu machen. Für den Besucher hat das den Vorteil, dass man hier Werke von berühmten Künstlern wie Filippo Lippi, Michelozzo und Donatello in aller Ruhe genießen kann. Wer danach Lust auf Wein und Speise hat, sollte bei To Wine einkehren.

Der Inhaber Gionni Bonistalli lebt mit diesem Lokal seine Passion für Wein. 2012 gründete er einen Weinhandel. Dazu gab es kleine Speisen. 2015 holte er sich den Sommelier Pietro Palma ins Geschäft. So weit, so gut. Nur: Pietro hat seine Weinausbildung bei der Vereinigung AIS durchlaufen und Gionni bei der konkurrierenden FISAR. Wer den starken Hang der Toskaner zum *campanilismo* (Kirchturmpolitik) kennt, befürchtet hier ein Fiasko. Zum Glück kam es anders. Die beiden eint das Streben nach Exzellenz. Das unternehmerische Talent Gionnis ist auf die wirtschaftliche Seite der Enothek gerichtet. In der Geburtsstadt Datinis müssen die Zahlen nun einmal stimmen. Doch auch Pietro ruht sich auf seinen Sommelier-Lorbeeren nicht aus und erlangte nach jahrelangen Studien 2018 den Titel eines »Ambassadeur de Champagne«. Damit liegt die Ausrichtung fest. Im Mittelpunkt der Enothek stehen Verkauf und Ausschank hochwertiger Weine. Jede Woche kreieren die beiden ein passendes Menü zu fünf bis sechs ausgewählten Etiketten. Nicht immer ist Champagner dabei.

Adresse Viale della Repubblica 23, 59100 Prato, Tel. +39/0574/550462, towine-prato.it | **Anfahrt** A 11, Ausfahrt Prato Est, SS 719 Richtung Campi Bisenzio-Signa, schräg rechts Richtung SS 325 Capalle-Signa und weiter geradeaus | **Öffnungszeiten** Mo–Sa 10–13 und 16–20 Uhr | **Tipp** Die Weinhandlung »WILD – Wine In Love Darlin'« in der Via Pugliesi 7 ist ein Eldorado für Freunde von Naturweinen (Tel. +39/0574/755312).

70__Capezzana

Im Tempel des Vin Santo

Edelsüße Weine haben es heutzutage schwer. Früher war es genau umgekehrt. Der Drang zur Süße machte Tokajer, Sauternes und Riesling-Spätlesen zu heiß begehrten Tropfen der Belle Époque, für die Spitzenpreise bezahlt wurden. Auch das Mittelalter liebte Süße. Begehrt waren vor allem aus dem östlichen Mittelmeer importierte Weine. Da sich diese aber nur begüterte Kreise leisten konnten, setzten schon bald Nachahmungen ein. Darauf geht auch der Vin Santo zurück, der berühmteste Süßwein der Toskana.

Seine Glanzzeit begann vor 150 Jahren. Lange Zeit war es in der Toskana üblich, einem Gast bei seiner Ankunft Vin Santo anzubieten. An Kaffee dachte damals niemand. Auch seine Eignung als perfekter Begleiter von Leberpastete, gereiftem Käse und einer Vielzahl von Kuchen und Desserts machte ihn äußerst populär.

Viele toskanische Winzer erzeugen ausgezeichneten Vin Santo. Will man aber in den innersten Tempel dieses edelsüßen Weins eintreten, führt kein Weg am Weingut Capezzana vorbei. Sein Vin Santo wurde bei der »International Wine Challenge« mehrfach als bester Süßwein der Welt prämiert.

Seine Basis bilden die Rebsorte Trebbiano und ein kleiner Rest San Colombano. Wichtig ist vor allem der Trebbiano. Er verleiht dem Vin Santo die notwendige Säure, ohne die man einen Wein von klebriger Süße erhielte. Nach der Lese werden die Trauben bis Februar in einem gut belüfteten Raum getrocknet. Durch die teilweise Verdunstung des in den Trauben enthaltenen Wassers erhöht sich deren Zuckeranteil. Da von den Hefen nicht aller Zucker in Alkohol verwandelt werden kann, behält der Wein eine feine Süße. In 100-Liter-Fässern aus Eiche, Kastanie und Kirsche reift er sechs Jahre seiner Vollendung entgegen. Die Rotweine des Hauses, wie etwa der »Trefiano Riserva«, sind ohne Zweifel Gebietsspitze, aber mit dem Vin Santo befindet man sich eindeutig in einer anderen Dimension. Einfach himmlisch.

Adresse Via Capezzana 100, 59015 Carmignano, Tel. +39/055/8706005, www.capezzana.it | **Anfahrt** A 11, Ausfahrt Prato Est, 5,4 Kilometer auf der SS 719, links auf den Viale Salvador Allende, am 7. Kreisel rechts in die Via N. Copernico, dann in die Via Baccheretana und weiter geradeaus | **Öffnungszeiten** nach Vereinbarung | **Tipp** Die Mitglieder der Familie Contini Bonacossi, die Eigentümer des Weinguts, waren große Kunstsammler. Der Kern ihrer Sammlung befindet sich heute in den Uffizien in Florenz.

71 Tenuta di Artimino

Im Brennspiegel toskanischer Weingeschichte

Artimino ist ein Weinort, in dem sich bedeutende Etappen der toskanischen Weingeschichte wie in einem Brennspiegel bündeln. Bereits die weinliebenden Etrusker besiedelten ab dem 8. Jahrhundert vor Christus den Ort, wovon Reste einer Akropolis auf dem Anwesen zeugen. Seine Bedeutung im mittelalterlichen Weinbau belegt ein Dokument aus dem Jahr 804. Unter den Medici wird Artimino dann vor allem als Jagdreservat geschätzt. 1595 lässt hier der Großherzog Ferdinand I. de' Medici die nach ihm »La Ferdinanda« benannte Villa erbauen. Seit 2013 UNESCO-Weltkulturerbe, zieht sie viele Besucher an. Für den Weinliebhaber empfiehlt sich ein Besuch freilich aus anderen Gründen. Der zur Gemeinde Carmignano gehörende Ort wurde bereits 1716 von Großherzog Cosimo III. als eines der vier besten Weingebiete der Toskana anerkannt. Ob es wirklich die mit dem französischen König Heinrich II. verheiratete Caterina de' Medici war, welche die französische Rebsorte Cabernet Franc hier einführte, lässt sich nicht mit Sicherheit sagen. Fest steht, dass sie hier seit über 500 Jahren erfolgreich angebaut wird.

Das Weingut Tenuta di Artimino ist heute im Besitz der Familie Olmo. Giuseppe Olmo, ein berühmter Radrennsportler und Gründer einer heute noch bestehenden Fahrradmarke, kaufte 1980 die Villa mit großem Grundbesitz. Nunmehr in dritter Generation arbeitet die Familie Olmo daran, das große Potenzial des Gutes zur Geltung zu bringen. Das Angebot reicht von Kellerführungen über Weinpicknicke bis zu einer Vertikalverkostung älterer Jahrgänge. Unter den zahlreichen Etiketten ist der aus Sangiovese, Cabernet Sauvignon, Merlot und Syrah gekelterte Carmignano DOCG Grumarello der bedeutendste. Seit der Lese 2022 trägt der weltbekannte Önologe Riccardo Cotarella für die Weine Artiminos die Verantwortung. Auf die Fortsetzung der Weingeschichte in Artimino darf man also gespannt sein.

Adresse Viale Papa Giovanni XXIII 1, 59015 Artimino, Tel. +39/055/875141, www.artimino.com | Anfahrt SGC Florenz – Pisa – Livorno, Abfahrt Montelupo Fiorentino, weiter auf der SS 67, links ab Richtung Artimino / Carmignano | Öffnungszeiten nach Vereinbarung | Tipp Klein, aber fein ist das archäologische Museum an der Piazza San Carlo in Artimino. Nehmen Sie sich Zeit für einen Besuch!

72 Antico Podere Casanova

Von Buonarroti zu Bucciarelli

Michelangelo Buonarroti war 74 Jahre alt, als er sich entschloss, ein Weingut zu erwerben. Da er in Rom lebte und gerade mit dem Umbau des Palazzo Farnese und dem Neubau von St. Peter gut beschäftigt war – immerhin das größte Bauprojekt der damaligen Welt –, beauftragte er seinen Enkel Leonardo mit dem Kauf. Am 18. Juni 1549 wechselte die Immobilie für 2.300 Fiorini den Besitzer. Das war eine hübsche Summe, doch der Künstler war bereits seit Langem ein überaus wohlhabender Mann. Im Kaufvertrag werden Olivenhaine, Weinberge, Felder und *sodi* genannt, also Böden, die auf Grund ihrer Lage oder Beschaffenheit nicht gepflügt werden konnten, sondern von Hand zu bearbeiten waren. Michelangelo hat seine Weinberge nie besucht. Bis 1863 blieben sie jedoch in Händen der Familie Buonarroti.

Nach dem Ersten Weltkrieg arbeitete die Familie Bucciarelli als Halbpächter auf dem Gut. In dieser Zeit sah es noch fast genauso aus wie zu der Zeit, als Michelangelo es gekauft hatte, eine bäuerliche Mischkultur. Erst 1982 erwarben die Bucciarellis den 23 Hektar großen Besitz, von denen 13 mit Weinreben bestockt sind, vor allem Sangiovese. Auf ihn sollte man sich bei einer Verkostung konzentrieren.

Die Weine zeichnen sich durch ihre Treue zur weinbaulichen Tradition des Chianti Classico aus. Man ist Neuerungen zwar nicht prinzipiell abgeneigt, doch alles Neue wird zunächst einmal vorgefiltert durch die Frage: »Wäre es auch wirklich besser?« Schon der Jahrgangs-Chianti-Classico und die Riserva sind typische Vertreter klassischer Weine dieses Gebiets. Eine Hommage an die Tradition stellt auch der feine IGT »Gandino« dar, der 30 Monate in Kastanienholz ruht. Ein richtiges Juwel ist jedoch der Vin Santo des Hauses. Ganze zehn Jahre reift er in kleinen Fässchen. Er ist ein »Occhio di Pernice«, also ein aus Sangiovese gekelterter Vin Santo. Allein er ist die Reise in das Chianti Classico wert.

Adresse Località La Piazza, 53011 Castellina in Chianti, Tel. +39/0577/749756, www.poderecasanova.com | **Anfahrt** SGC Florenz–Siena, Abfahrt San Donato Nord, SP 101 Richtung Castellina in Chianti, links Richtung Sicelle, vor dem Ort »La Piazza« rechts ab | **Öffnungszeiten** nach Vereinbarung | **Tipp** Vom Turm des interessanten »Museo Archeologico del Chianti Senese« in Castellina in Chianti hat man einen herrlichen Ausblick.

73__Avignonesi

»Glokaler« Weinbau

Das Weingut Avignonesi wurde im Jahr 2009 von der Belgierin Virginie Saverys erworben. Die Familie Saverys ist mit der von ihr kontrollierten CMB-Gruppe im Seetransport tätig. Das allein reichte aus, um besorgte Stimmen laut werden zu lassen. Weinberge lassen sich zwar nicht wie Maschinenhallen einfach delokalisieren, doch befürchtete man, dass durch den Besitzerwechsel der Terroir-Charakter der berühmten Weine verloren gehen könnte. Bekanntlich gehören zum Terroir ja auch die in einer Gegend verwurzelten Menschen. Seit der Gründung des Weinguts im Jahr 1974 hatten die Vorbesitzer erfolgreich daran gearbeitet, Avignonesi zu einem Referenzpunkt des Weinbaugebiets Montepulciano zu machen. Sollte das nun alles ersetzt werden durch technisch gut gemachte Weine ohne territoriale Identität?

Die Befürchtungen haben sich nicht bestätigt. Die Weine haben einen starken territorialen Fokus. Das ist umso interessanter, als es sich bei den Mitarbeitern von Avignonesi um ein multiethnisches Team aus rund 20 verschiedenen Ländern handelt. So kümmert sich mit der Marketingexpertin Xiao eine Fachfrau, die aus China stammt und in Frankreich sowie Italien studierte, bevor sie zu Avignonesi kam, um die Außendarstellung des Unternehmens. Matteo hingegen ist in Florenz aufgewachsen und hat ein Weinbaustudium in Bordeaux absolviert. Er verantwortet die Weinerzeugung des biodynamisch ausgerichteten Betriebs. Die Gutsverwalterin Suzie wiederum ist gebürtige Britin. Zu ihren Aufgaben gehört auch kostenloser Englischunterricht für Kinder aus der Umgebung. Bei Avignonesi denkt man global und handelt lokal. Trotz des Bewusstseins, dass Weinbau ohne jeglichen Einfluss auf die Umwelt unmöglich ist, ergreift man umfassende Maßnahmen zum Klimaschutz und betreibt eine auf soziale Nachhaltigkeit gerichtete Personalpolitik. Global und lokal verschmelzen hier zur Idee eines »glokalen« Weinbaus.

Adresse Via Colonica 1, 53045 Montepulciano, Tel. +39/0578/724304, www.avignonesi.it | **Anfahrt** A 1, Ausfahrt Valdichiana, im Kreisel 2. Ausfahrt Richtung Perugia, Abfahrt Cortona, an der Kreuzung links auf die SP 32 | **Öffnungszeiten** nach Vereinbarung | **Tipp** Mit einem Blick auf den Trasimener See besticht das »Ristorante Enoteca Il Molo« in der Via Aganoor Pompili 9 in Passignano sul Trasimeno (Tel. +39/075/827151).

74__Badia a Coltibuono

Traditionspflege auf höchstem Niveau

Welcher Chianti Classico ist der typischste? Diese häufig gestellte Frage lässt sich nicht beantworten. Die Vielfalt an Böden, Höhenlagen, Mikroklimaten und Vinifikationsmethoden des rund 7.200 Hektar umfassenden Anbaugebiets verbietet die Nennung eines einzigen repräsentativen Weins. Das Prädikat »typisch Chianti Classico« lässt sich zum Glück vielen Weinen zusprechen. Eine andere Frage ist, ob es ein Weingut gibt, das geradezu idealtypisch das Chianti-Classico-Gebiet darstellt.

Die Antwort hierauf ist: ja, die Badia a Coltibuono. Das liegt zunächst einmal daran, dass die lange Geschichte des Weinguts mit der des Chianti Classico identisch ist. Bereits im Jahr 1051 wurde die »Badia a cultus boni«, also die Abtei der guten Ernte, von Mönchen gegründet. In ihrem Archiv findet sich auch zum ersten Mal der Name »Chianti«.

Das allein reichte nicht aus, hätte das Weingut nicht auch eine klare territoriale Identität. Sie liegt in der hier gepflegten Tafelkultur, welche in der Symbiose von Trinken und Essen ihren Brennpunkt besitzt. Von den Etruskern begründet, wurde sie von den Mönchen im Mittelalter fortgesetzt und hat sich in modernen Formen toskanischer Gastlichkeit bis heute erhalten. Dass man heute hier unvergleichlich besser wohnt und isst als bei den Etruskern oder den mittelalterlichen Mönchen, ist das Verdienst Emanuelas und Paolos, doch ihre Fürsorge für die Gäste wurzelt in einer uralten Tradition.

Ihr Bruder Roberto ist die Seele des Betriebs. Seine technische Ausbildung verdankt er einem Weinbaustudium an der University of California, Davis. Am Ende aber war das Verhaftetsein in der heimischen Weinkultur ausschlaggebend. Elegante, zur toskanischen Küche passende Weine zu erzeugen ist für ihn eine Selbstverständlichkeit. Wer ein paar Tage bleibt, wird seine Ansicht teilen: Ein solches Erbe wirft man nicht einfach über den Haufen.

Adresse Località Badia a Coltibuono, 53013 Gaiole in Chianti, Tel. +39/0578/74481, www.coltibuono.com | **Anfahrt** A 1, Ausfahrt Valdarno, SP 11 Richtung Arezzo, an der Gabelung rechts halten, auf der SP 408 Richtung Montevarchi | **Öffnungszeiten** nach Vereinbarung | **Tipp** In der Enothek »Innocenti Wines« in der Via Cassia Nord 2F in Poggibonsi kauft man gut ein. Ebenso fein sind das Essen und das Ambiente (Tel. +39/0577/980800).

75__Banfi

Lob des Lambrusco

Der Brunello di Montalcino ist heute weltberühmt. Bis zum Zweiten Weltkrieg war er jedoch ein Wein, der allein vom Weingut Biondi-Santi in den Handel gebracht wurde. Das änderte sich erst Ende der 1970er Jahre mit der Ankunft der italoamerikanischen Familie Mariani. Unter fachlicher Anleitung ihres Önologen und Managers Ezio Rivella kauften sie riesige Flächen auf der bis dahin vernachlässigten Südseite Montalcinos. Um dort Weinberge im großen Stil anzulegen, wurden ganze Hügel umgestaltet und gigantische Erdbewegungen vorgenommen, die Rivella in Italien bald den Spitznamen »Livella« (Wasserwaage) einbrachten.

Das Geld für diese kostspieligen Arbeiten hatten die Marianis mit dem Verkauf von Lambrusco aus der Region Emilia-Romagna verdient. Das war seinerzeit ein einfacher, süßlicher und leicht sprudelnder Wein. »Red cola« nannte man ihn in den USA. Die Urteile von Kritikern waren meist vernichtend. Man sprach von einer kulturellen Schande für Italien, Industriewein und Ähnlichem. Stimmt alles. Dennoch ist es nicht die ganze Wahrheit. Die Pointe der Mariani-Story ist doch, dass Montalcino erst durch den Lambrusco-Geldsegen aus seinem Dornröschenschlaf geweckt wurde. Der kommerzielle Erfolg der Marianis rief nämlich rasch andere Erzeuger auf den Plan, und so entstand in kurzer Zeit eines der prestigereichsten Weingebiete der Erde. Ohne den »cheap and sweet« Lambrusco wäre der königliche Brunello womöglich noch heute der Haustrunk einiger Familien.

Das Castello Banfi ist ein liebevoll restauriertes, modernes Weinresort. Neben einem Kellerbesuch und Verkostungen sollte man Zeit für einen gastronomischen Aufenthalt einplanen. Dafür bieten sich eine gemütliche Taverne mit toskanischer Küche und das Sternerestaurant »Sala dei Grappoli« an. Der aus einem parzellengenau abgegrenzten Weinberg stammende Brunello »Vigna Marruccheto« zeigt, wo es langgeht. Kompromisslose Qualität.

Adresse Castello di Poggio alle Mura, 53024 Montalcino, Tel. +39/0577/840111, www.banfi.it | **Anfahrt** von Montalcino SP 14 Richtung Sant'Angelo Scalo, rechts auf die SP 103, nach 900 Metern links auf die SP 117, der Beschilderung folgen | **Öffnungszeiten** nach Vereinbarung | **Tipp** Ohne Zweifel eine der besten Ölmühlen Italiens ist »Frantoio Franci« in der Via Achille Grandi 5 in Montenero d'Orcia (Tel. +39/0564/954000).

76_Barone Ricasoli

Der Sangiovese und seine Böden

Der Sangiovese ist die häufigste Rebsorte Italiens. Die besten Ergebnisse liefert er in der Toskana. Hier wetteifern Carmignano, Vino Nobile di Montepulciano, Brunello di Montalcino, Chianti, Chianti Classico, Morellino di Scansano und Montecucco um die Gunst der Weinfreunde. Verschiedene Namen und unterschiedliche Terroirs, doch immer geht es dabei um Sangiovese.

Wie aus dieser Traube nicht nur gute, sondern wirklich große Weine entstehen können, ist keine leicht zu beantwortende Frage. Auf Schloss Brolio der Familie Ricasoli machte man sich darüber bereits im Jahr 1872 Gedanken. Es war Bettino Ricasoli, der damals vorschlug, den Sangiovese durch Canaiolo zu ergänzen. Damit war die Grundrezeptur des Chianti geboren. In der Folgezeit mehrten sich jedoch Stimmen, welche sortenreine Sangiovese-Weine aus Einzellagen forderten. Nur so könne die Rebe ihre Fähigkeit, verschiedene Lagen abzubilden, voll zur Geltung bringen. Was aber sind die besten Sangiovese-Lagen? Darauf versucht der heutige Hausherr Francesco Ricasoli eine Antwort zu geben. Dank wissenschaftlicher Bodenanalyse hat er 19 Bodentypen in fünf geologischen Zonen voneinander abgrenzen können. Diese bilden nun die Grundlage für die drei aus Sangiovese gekelterten Einzellagenweine des Hauses.

Der »Colledilà« stammt aus der Lage Monte Morello. Kalkhaltige, steinige und lehmige Böden auf 300 bis 350 Metern Höhe verleihen ihm Struktur, exzellente Tannine und Länge. Der »Roncicone« hingegen gedeiht auf Tonschichten mit Auflagen von Sandsedimenten und Kieseln. Ein an würzigen Aromen reicher, eleganter Wein. Großartig auch der füllige, durch lange Progression und feinste Tannine charakterisierte »Ceniprimo«. Seine Reben wachsen auf ehemaligen Flussterrassen mit Schluffablagerungen und Tonanteilen aus dem Pliozän. Zu dieser Zeit weideten dort Giraffen und Gazellen. An Wein dachte noch niemand.

Adresse Località Madonna a Brolio, 53013 Gaiole in Chianti, Tel. +39/0577/7301, www.ricasoli.com | **Anfahrt** von Siena auf der SP 408 Richtung Gaiole in Chianti bis zur Abzweigung Madonna a Brolio | **Öffnungszeiten** nach Vereinbarung | **Tipp** Das Schloss Brolio hat in der Person des Politikers Bettino Ricasoli auch ein Stück italienische Geschichte geschrieben. Unbedingt besuchen!

77_Bindella

Wein als Gesamtkunstwerk

Welche Rolle spielt Kunst in unserem Leben? Erfreut sie einfach den Kunstliebhaber, oder hat sie gar darüber hinaus eine positive Wirkung auf uns? Dem Renaissancedenker Marsilio Ficino zufolge ist Kunst ein Abglanz des Göttlichen in der Welt, und durch Betrachtung künstlerischer Werke gelangt der Mensch selbst dazu, Gutes zu schaffen.

Eine späte Frucht am Baum dieses Gedankens ist das Weingut Bindella. Fasziniert von der harmonischen Hügellandschaft um Montepulciano, erwarb der Schweizer Geschäftsmann Rudi Bindella 1983 ein Stück Land mit ein paar verfallenen Gebäuden. Heute umfasst das Gut 127 Hektar, wobei die Weinberge 38 und die Olivenhaine zwölf Hektar ausmachen. Das ihm zugrunde liegende Konzept versteht man jedoch nur bei einem aufmerksamen Rundgang. Auf Schritt und Tritt begleiten den Besucher Skulpturen und Gemälde. Das allein wäre noch nichts Außergewöhnliches. Wer hingegen genauer hinsieht, bemerkt, dass die einzelnen Werke nur Teil eines Gesamtkunstwerks sind, das auch das Gebäude selbst und die umgebende Landschaft einschließt. Durch riesige Glasfenster, die den Blick nach außen leiten, ist es dem Architekturbüro Fiorini Salerno aus Montepulciano gelungen, einen kontinuierlichen Dialog zwischen innerem und äußerem Raum zu schaffen. Sanft passt sich die Architektur den Linien der Landschaft an. Natürliche Materialien und eine sensible Farbgebung unterstreichen zusätzlich die Wirkung. »Die Schönheit eines Raumes wirkt sich auf die Leute und ihr Wirken aus«, meint Rudi Bindella. Dass das keine leeren Worte sind, zeigen auch die von ihm und seinen Mitarbeitern erzeugten Weine.

Der »Quadri«, ein rein aus Sangiovese gewonnener Vino Nobile di Montepulciano, gehört beständig zur Gebietsspitze, und bei dem »Dolce Sinfonia« genannten Vin Santo besteht kein Zweifel: Seine edle Süße erhebt den Weinfreund unweigerlich auf eine höhere existenzielle Stufe.

Adresse Via delle Tre Berte 10/A, 53045 Montepulciano, Tel. +39/0578/738171, www.bindella.it | Anfahrt A 1, Ausfahrt Chiusi-Chianciano Terme, auf der SP 146 Richtung Chiusi, nach 2,7 Kilometern links auf die SP 326, vor der Tankstelle wieder links | Öffnungszeiten nach Vereinbarung | Tipp Eine Mittagspause in dem feinen Bistro des Weinguts sollte man sich nicht entgehen lassen.

78__Bindi Sergardi

Die hohe Kunst des Alltagsweins

Wein war in Italien lange Zeit ein Grundnahrungsmittel. Die Landbevölkerung stärkte sich in den Arbeitspausen damit, und auch in den Städten trank man viel. Selbst beim Bau der Domkuppel in Florenz erhielten die Arbeiter Wein. Ein Alltagsgetränk also. Meist wurde er direkt vom Fass gekauft. Erst in den 1960er Jahren nahmen Flaschenabfüllungen zu, wobei die Preise der steigenden Qualität folgten. Bald war eine Flasche Qualitätswein für unter sechs Euro nicht mehr zu haben.

Ein täglicher Weinkonsum setzt indes voraus, dass eine preisliche Obergrenze nicht überschritten wird. Wo die liegt, ist umstritten, sie dürfte heute aber bei etwa zwölf Euro pro Flasche liegen, also drei Euro für das klassische Glas zum Essen. Ein Beispiel für einen solchen Alltagswein ist der »Boncia« des Weinguts Bindi Sergardi. Der aus 100 Prozent Sangiovese gekelterte Chianti DOCG duftet fein nach kleinen roten Früchten. Sein mittelschwerer Körper und eine belebende Säure machen ihn zum typischen Alltagswein, der sich auch im Sommer genießen lässt – Flaschenpreis unter zehn Euro.

Ein so gutes Preis-Leistungs-Verhältnis zu bieten ist eine Kunst, wenn man nicht die Verkaufszahlen eines Großbetriebs hat. Das Weingut ist jedoch – seit 23 Generationen – ein Familienbetrieb mit einer Produktion von 300.000 Flaschen. Darunter sind auch höher kalkulierte Spitzenweine wie der Cabernet Sauvignon »Mocenni 91«. Die meisten Tropfen aber erhält man zu sehr moderaten Preisen.

Seit 2005 leitet Alessandra das Gut. Beim Gespräch im eleganten Saal des Anwesens kommt sie auf ihre Großmutter Chiara zu sprechen, die im Krieg ihren Mann verloren hat. So musste sie die ganze Arbeit allein stemmen. Auch in der Nachkriegszeit, als die meisten Nachbarn verkauften, blieb sie. Zu tief sind die Wurzeln in dieser Erde. Vielleicht ein Grund dafür, dass man bei den Bindi Sergardi die Bodenhaftung auch bei den Preisen nie verloren hat.

Adresse Strada Comunale di Mocenni 35, 53019 Vagliagli, Tel. +39/0578/724304, www.bindisergardi.it | **Anfahrt** SGC Florenz – Siena, Abfahrt Badesse, Richtung Basciano und Quercegrossa, dann rechts Richtung Mocenni | **Öffnungszeiten** nach Vereinbarung | **Tipp** Gleich hinter der Piazza del Campo liegt die Piazza del Mercato – und dort findet man das empfehlenswerte Restaurant »Casa Tua« (Tel. +39/320/7479650).

79__Capitoni

Wein, Olivenöl und Brot

Seit der Antike bilden Rebstock, Ölbaum und Getreide die Grundlage mediterraner Landwirtschaft. Deshalb stand die lebenserhaltende Dreiheit auch im Mittelpunkt jüdischer und griechischer Kulthandlungen und behielt ihre Bedeutung in jenen der Etrusker und Römer. Wie sehr auch das Christentum davon bestimmt ist, kann man an den toskanischen *pieve* sehen. In den Verzierungen dieser alten Landkirchen mit Weintrauben, Reben, Olivenzweigen, Ähren und anderen Symbolen der Fruchtbarkeit vermischen sich profane und sakrale Motive.

Unweit vom Weingut Capitoni liegt die Pieve di Corsignano. Die zweischwänzige Sirene ihres Portals wie auch die darüber eingefügte Frauenfigur sind Beispiele für einen antiken Kult der Muttergöttin, den die toskanischen Bauern jahrhundertelang neben ihren christlichen Andachten weiter pflegten. Doppelt genäht hält eben besser, man weiß ja nie.

Das Motiv der fruchtbarkeitspendenden Muttergöttin findet sich auch auf den Weinetiketten Marco Capitonis wieder. Es erinnert an die Unsicherheit der Ernten, an Stoßgebete, die oft nicht erhört wurden. Die Härte der Landarbeit haben die Capitoni über Generationen hin erlebt. Sie waren Halbpächter, bis sie 1968 das Gut erwerben konnten. Lange Zeit spielte die Getreideproduktion die Hauptrolle. Erst 2001 kam der erste Wein auf den Markt. Als Reverenz an die Vorfahren trägt er den Familiennamen »Capitoni«. Es ist ein Sangiovese mit etwas Merlot als Sicherheitsnetz. Merlot gelingt immer. Der Verstand gebot kleine Schritte: 2005 folgte der »Frasi«, ein 24 Monate in Eiche reifender Sangiovese, und zehn Jahre später der in Amphoren gekelterte und gereifte »Troccolone«. Die Trauben für diesen sortenreinen Sangiovese stammen von der besten Parzelle eines Weinbergs. Er passt zu Wildgerichten, aber auch einfach zu geröstetem Weißbrot mit Olivenöl. Wein, Öl und Brot – eine bewährte Kombination.

Adresse Podere Sedime 63, 53026 Pienza, Tel. +39/3403621134, www.capitoni.eu | **Anfahrt** auf der SP 146 Richtung Pienza, nach 5,4 Kilometern links, an der Kreuzung mit Zypresse links und 600 Meter weiter | **Öffnungszeiten** nach Vereinbarung | **Tipp** Eine romantische Atmosphäre, raffinierte Gerichte und die Weine Marco Capitonis gibt es im »Le Logge del Vignola« in der Via delle Erbe 6 in Montepulciano (Tel. +39/0578/717290).

80__Casa Chianti Classico

Zu Gast beim Schwarzen Hahn

Das Chianti Classico ist altes Weinland. Bereits 1716 wurden die Grenzen des zwischen Florenz und Siena gelegenen Anbaugebiets vom toskanischen Großherzog Cosimo III. festgelegt. Weine aus angrenzenden, weniger bekannten Gegenden unter dem Namen des berühmten Nachbarn in den Handel zu bringen war nämlich schon damals gängige Praxis. Tauschen und täuschen haben eben nicht nur sprachlich gemeinsame Wurzeln. Auch der 1924 gegründete Winzerverband verfolgte das Ziel, die Weine besser gegen unlautere Konkurrenz zu schützen. Für die erste Institution dieser Art in Italien wählte man als Logo einen schwarzen Hahn, den *gallo nero*. Eine kluge Entscheidung, wurde das Tier doch bereits seit Jahrhunderten mit dem Weingebiet in Verbindung gebracht. Bereits im Jahr 1565 hatte es Giorgio Vasari für seine im Palazzo Vecchio gemalte »Allegorie des Chianti« verwendet.

Erst 2005 jedoch wurde der Schwarze Hahn auch das offizielle Markenzeichen aller Weine des Chianti Classico. Seine grafische Präsenz auf einer Weinflasche garantiert seither die territoriale Echtheit eines als Chianti Classico gehandelten Weins. Fehlt er auf einer Flasche, ist kein Chianti Classico drin.

Eine Entdeckungsreise auf den Spuren des berühmten Weins sollte an der »Casa Chianti Classico« beginnen. Die in einem ehemaligen Konvent untergebrachte Enothek bietet eine unvergleichliche Übersicht über Chianti-Classico-Weine. Unterstützt durch geschultes Personal, kann man sich hier über die Geschichte des Anbaugebiets informieren und die Weine von rund 485 Erzeugern probieren. Individuell nach Lust und Laune oder auch in einem zweistündigen Seminar eines Sommeliers. Wer dabei Lust auf eine Verkostung mit passenden Speisen bekommt, kann gleich im Bistro »Al Convento« Platz nehmen: im ehemaligen Kreuzgang, auf der Terrasse oder im Kaminzimmer. Der Schwarze Hahn ist in jedem Fall ein guter Gastgeber.

Adresse Località Lucarelli 29, 53017 Radda in Chianti, Tel. +39/0577/733511, www.casachianticlassico.it | **Anfahrt** von Florenz auf der SR 222, nach Panzano links Richtung Radda, in Radda am Lokal »Lo Sdrucciolo« rechts | **Öffnungszeiten** Fr–So 11–17 Uhr | **Tipp** Gleich nebenan liegt das ausgezeichnete Weingut »Colle Bereto« (Tel. +39/0577/738083).

81__Casato Prime Donne

Frauenpower in Montalcino

Der Ausdruck Primadonna entstammt der Oper. Ursprünglich verstand man darunter die beste Sängerin eines Theaters, der die Hauptrolle anvertraut wurde. Angelica Catalani, Maria Callas oder Anna Netrebko sind berühmte Beispiele. Schon bald wurde der Begriff jedoch abwertend gebraucht. Als Primadonna galt nun eine Frau, die in der Öffentlichkeit allzu eigenständig und selbstbewusst auftrat.

Donatella Cinelli Colombini hatte dies schon immer gestört. Als sie 1998 ihr eigenes Weingut gründete, fehlte ihr ein Kellermeister. Ein Anruf bei der Weinbauschule in Siena ergab, dass »nur« noch Kandidatinnen übrig seien. Die wolle kein bedeutender Betrieb, hieß es. Diese Auskunft ging Donatella gehörig gegen den Strich, und so entschied sie sich, mit dem Projekt »Prime Donne« die Chancengleichheit in der Weinbranche zu fördern.

Dazu gehört zunächst einmal das Casato Prime Donne, ihr ausschließlich von Frauen geführtes Weingut. Der erste Betrieb dieser Art in Italien. Eine weitere Säule des Projekts ist ein von vier international bekannten Expertinnen aus Blindverkostungen verschiedener Weingutparzellen kreierter Brunello, eine charmante Antwort auf die männliche Dominanz im italienischen Weinjournalismus. Das dritte und vielleicht weitreichendste Element ist der internationale Preis »Casato Prime Donne«. Die wichtigste Auszeichnung dieses in mehrere Bereiche unterteilten Preises ist der Titel »Prima Donna«. Dieser wird Frauen verliehen, die mit ihrer Arbeit ein positives Beispiel und einen Ansporn für andere Frauen darstellen: von der Astronautin Samantha Cristoforetti über die Fußballspielerin Sara Gama bis hin zu Menschenrechtsaktivistinnen wie Chaimaa Fatihi und Kerry Kennedy. Jede dieser prämierten Powerfrauen hinterlässt eine Widmung, die vom Werk eines toskanischen Künstlers begleitet wird. Zu betrachten bei einem meditativen Rundgang auf dem Weingut.

Adresse Località Casato 17, 53024 Montalcino, Tel. +39/345/5495154, www.cinellicolombini.it | **Anfahrt** von Siena auf der SR 2 Richtung Buonconvento, nach Buonconvento rechts Richtung Montalcino, nach 5,3 Kilometern rechts Richtung Casato | **Öffnungszeiten** nach Vereinbarung | **Tipp** Im nahen Bio-Agriturismo »Podere Cunina« kann man nicht nur sein E-Auto aufladen, sondern auch Safran, Honig und Olivenöl kaufen (Tel. +39/0577/809008).

82_Castellare di Castellina

Vom Terroir zum Genius Loci

Brauchen Reben einen bestimmten Ort? Nein, sagen die Botaniker. Wie Autobatterien oder Zahnspangen könne man sie überall produzieren, prinzipiell sogar im Container. Die Möglichkeit einer ortsunabhängigen technischen Herstellbarkeit von Wein hat früh Gegenreaktionen ausgelöst. Zumindest der Geschmack eines Weins, behaupten die Vertreter der Terroir-Philosophie, entstehe in einer nicht reproduzierbaren Wechselwirkung zwischen Boden, lokalem Klima und menschlichen Praktiken. Genüsslich verweisen da allerdings ihre Kritiker auf Blindverkostungen, bei denen Fachleute große Bordeaux niedriger bewerteten als bis dato weniger bekannte kalifornische Weine. Geschmack sei machbar, meinen sie, und zwar überall.

Doch geht es beim Genuss eines Weins allein um unsere Geschmacksknospen? Fachleute einmal ausgenommen, nimmt doch kaum ein Weinfreund an einer Blindprobe teil. Für die meisten liegt das Faszinierende am Wein ja gerade in seiner Verknüpfung mit einer Landschaft, ihrer Kultur und Geschichte und den in ihr lebenden Menschen. Diese bilden den unabdingbaren Stoff für die Bilder und Gerüche, die jedes Glas in uns evoziert. Wein ist immer auch ein Stück weit lustbetonte kulturelle Erinnerung. Die Bedeutung einzigartiger Weinorte für unser Geschmackserlebnis gründet letztlich auf der antiken Idee eines Genius Loci, der Aura oder Atmosphäre eines Ortes. Können Weine so etwas ausdrücken und damit selbst unverwechselbar werden? Das mag bezweifeln, wer nicht in Castellare di Castellina war. Vor Ort spürt man sofort, dass diese Weine tatsächlich das sinnliche Fazit eines einzigartigen Ensembles sind, komponiert aus duftenden Sträuchern, zahlreichen Vogelarten, alten Steinhäusern und Weinbergen, unterbrochen von Wäldern, Zypressen und Olivenhainen. Und den dort arbeitenden Menschen, ohne die all das nicht existierte. Auch sie sind ein Teil dieses magischen Ortes.

Adresse Località Caselle, 53011 Castellina in Chianti, Tel. +39/0577/742903, www.castellare.it | **Anfahrt** SGC Florenz – Siena, Abfahrt San Donato, über die SP 101 auf die SP 76, in Castellina (Piazza Roma) rechts auf die SP 130, nach 950 Metern links Richtung Castagnoli und 1,1 Kilometer weiter | **Öffnungszeiten** nach Vereinbarung | **Tipp** Fahren Sie vom Weingut rechts ab Richtung Poggibonsi, auf einer der schönsten Straßen des Chianti!

83__Castello di Fonterutoli

Weinkultur als Erinnerung

»Alle Menschen sind von Natur aus gleichermaßen frei und unabhängig.« Dieser Satz stammt aus einem 1774 von Filippo Mazzei publizierten Artikel. Zwei Jahre später fand er Eingang in die berühmte Präambel der von Thomas Jefferson verfassten amerikanischen Unabhängigkeitserklärung. Mazzei und Jefferson waren enge Freunde. Der 1730 im toskanischen Poggio a Caiano geborene Mazzei war ein Tausendsassa: Arzt, Wein- und Lebensmittelimporteur, Winzer, Diplomat und Fundraiser im amerikanischen Unabhängigkeitskrieg. Unterstützt von Jefferson und dem toskanischen Großherzog, reiste er im Herbst 1773 nach Virginia. Mit von der Partie waren zehn Winzer aus Lucca, toskanische Rebstecklinge und Olivenbäume. In unmittelbarer Nachbarschaft von Jeffersons Residenz Monticello errichtete er sein Landgut Colle. Seinem Plan, dort Wein und Oliven anzubauen, war jedoch kein dauerhafter Erfolg beschieden. Zu nahe war bereits das Wetterleuchten des Unabhängigkeitskrieges, in den Mazzei in der Folge tatkräftig involviert war. Über Zwischenstationen in Paris und Polen reiste er 1792 in die Toskana. Was als kurzer Aufenthalt vor einer Rückkehr in die Vereinigten Staaten gedacht war, leitete die letzte Phase in seinem Leben ein. 1816 verstarb er in seinem Haus in Pisa.

Zu Ehren ihres berühmten Vorfahren hat die Familie Mazzei den Wein »Philip« geschaffen. Die Trauben für diesen Cabernet Sauvignon stammen aus ihrem Chianti-Classico-Weingut Castello di Fonterutoli und der Tenuta Belguardo in der Maremma. Der Wein reift 18 Monate in Fässern aus französischer und amerikanischer Eiche. Toskana, Frankreich, Amerika – das Dreieck also, in dem sich sein Leben abspielte. Das hätte dem weltoffenen Toskaner sicher ebenso gefallen wie die 2013 verwirklichte Idee, Reben aus Fonterutoli auf dem Gelände der Jefferson Foundation in Virginia zu pflanzen. Weinkultur als Erinnerung.

Adresse Via Giacomo Puccini 4, Località Fonterutoli, 53011 Castellina in Chianti, Tel. +39/0577/735790, www.castellodifonterutoli.com | **Anfahrt** SGC Florenz–Siena, Abfahrt San Donato, über die SP 101 auf die SP 76, in Castellina (Piazza Roma) geradeaus auf die SR 222 | **Öffnungszeiten** nach Vereinbarung | **Tipp** Der nahe gelegene Betrieb »Casamonti« züchtet die berühmte Schweinerasse Cinta Senese. Im Angebot: Mittagessen mit Besichtigung oder Direktverkauf (Tel. +39/348/3545201).

84__Castello di Volpaia

Hoch hinauf zur Eleganz

Das Weingut Volpaia befindet sich in einem Weiler, der auf eine mittelalterliche Befestigungsanlage zurückgeht. Aus ihm stammte die Familie Volpaia, berühmte Uhrmacher und Hersteller wissenschaftlicher Instrumente im Dienst der Medici und des Medici-Papstes Clemens VII.

617 Meter hoch gelegen, an der Grenze zwischen Florenz und Siena, war die Ansiedlung lange Zeit an einer strategisch bedeutsamen Position. Das brachte dem Ort mehrfach Zerstörungen und Plünderungen ein. Erst als das Chianti-Gebiet und so auch Volpaia unter Florentiner Vorherrschaft befriedet wurden, konnte es sich als Weinland entwickeln.

Die Weine Volpaias genießen einen hervorragenden Ruf. Das liegt nicht zuletzt daran, dass die einst nur strategisch wichtige Höhenlage in ihrer Eignung für die Rebsorte Sangiovese erkannt wurde. Wo die meisten Weinberge des Chianti Classico enden, fängt man bei Volpaia erst an. Seine niedrigsten Weinberge befinden sich auf 400 Metern Höhe. Von dort geht es hoch bis auf 650 Meter. Das verleiht den Weinen eine ausgezeichnete Säurestruktur, erhält die typischen Fruchtaromen auch in heißen Jahren und sorgt für eine besondere Eleganz. Im Zusammenspiel mit einer sorgfältigen Klon-Selektion entstanden so Weine, die zu den besten des Gebiets zählen.

Dafür steht der 1980 entstandene »Coltassala«, ihm gehörte meine erste Liebe zu Chianti-Classico-Weinen, und eine solche vergisst man bekanntlich nicht. In dem fünf Jahre später geborenen Supertuscan »Balifico« gesellte sich zum Sangiovese ein Drittel Cabernet Sauvignon. Zu 100 Prozent aus Sangiovese gekeltert ist hingegen der Cru »Puro«. Er verdankt sich einer langjährigen Auswahl der besten Sangiovese-Klone des Weinguts, seiner genetischen Schatzkammer sozusagen. Das vorerst letzte Erzeugnis stellt der in klassischer Flaschengärung als Pas Dosé erzeugte »Volpaia Brut« dar. Sicherlich einer der elegantesten Schaumweine aus Sangiovese.

Adresse Località Volpaia, 53017 Radda in Chianti, Tel. +39/0577/738066, www.volpaia.com | **Anfahrt** von Florenz auf der SR222, nach Panzano links Richtung Radda, nach 8,3 Kilometern wieder links Richtung Volpaia | **Öffnungszeiten** nach Vereinbarung | **Tipp** Nach einer Verkostung sollte man einen Besuch in der gutseigenen Osteria einplanen.

85__Cesani

Weinpicknick am Frankenweg

Die Via Francigena, der Frankenweg, war ein mittelalterliches Wegesystem, das Westeuropa mit Italien verband. Obgleich auch von militärischer und wirtschaftlicher Bedeutung, war der Frankenweg doch vor allem eine Pilgerroute nach Rom. Wandern hatte eine religiöse Dimension. Erst mit der Grand Tour, der seit der Renaissance unternommenen Bildungsreise privilegierter Kreise, veränderte sich der Sinn des Reisens: Die Betrachtung kultureller Sehenswürdigkeiten ersetzte nun die innere Schau früherer Reisender. Der Frankenweg ist mittlerweile historisch erforscht und wieder begehbar. So kann ihn nun jeder auf seine Art nutzen. Dem Weinliebhaber bietet sich die Möglichkeit, die Wanderung durch eine Weinprobe zu unterbrechen oder gar über Nacht zu bleiben.

Besonders gut eignet sich dafür das Weingut Cesani. Das Familienunternehmen besteht seit 1951, aber der Wandel zu einem modernen, 40 Hektar umfassenden Betrieb ist den Schwestern Marialuisa und Letizia zu verdanken. Mit ihrem charmanten Rosé kann man genussvoll den Spätnachmittag auf der Terrasse des Anwesens verbringen. Doch Vorsicht: Man riskiert damit, seine Reisepläne über den Haufen zu werfen. Immerhin warten sieben weitere Etiketten darauf, verkostet zu werden. Zunächst drei Versionen des Vernaccia di San Gimignano, unter denen der »Clamys«, ein aus 40 Jahre alten Reben gekelterter Cru, eine olfaktorische Entdeckungsreise bietet. Ist man einmal bei den aus Merlot, Sangiovese und Ciliegiolo gewonnenen Rotweinen angekommen, ist es eh zu spät, um noch aufzubrechen.

Vor allem aber sollte man es sich nicht entgehen lassen, den nächsten Tag mit einem vom Weingut stilvoll organisierten Picknick am Frankenweg zu krönen: im Schatten alter Bäume, mit Blick auf die Weinberge und neben sich den Vesperkorb. Im Hintergrund spielen Zikaden auf. Beruhigend stellt man fest: Man ist angekommen, man ist im Süden.

Adresse Località Pancole 82/D, 53037 San Gimignano, Tel. +39/0577/955084, www.cesani.it | **Anfahrt** SGC Florenz – Siena, Abfahrt Poggibonsi Nord, auf der SR 429 Richtung Certaldo, nach 12,9 Kilometern links Richtung Pancole | **Öffnungszeiten** nach Vereinbarung | **Tipp** Eine gute Küche mit Blick auf die mittelalterlichen Türme und eine durchdachte Weinkarte bietet »La Mandragola« in der Via Diacceto 7 (Tel. +39/0577/940454).

86__Col d'Orcia

Biodiversität im Brunello-Land

Col d'Orcia bedeutet »Hügel am Orcia«, dem Fluss, welcher das Brunello-Gebiet im Südwesten begrenzt. Umgeben von berühmten Nachbarn wie Poggio al Sole, Sesti oder Banfi gehört das Gut zu den Toplagen des Anbaugebiets, was auch seine Riserva »Poggio al Vento« beweist, eine Brunello-Ikone. Die Preise für Weinland sind hier hoch. Deshalb produziert auch jeder Brunello, damit am Ende die Kasse stimmt. Würde man jedoch nur Brunello keltern, gingen der Reiz der Landschaft und ihre Biodiversität verloren.

Deshalb widmet man bei Col d'Orcia nur etwa ein Viertel der 520 Hektar Grundbesitz der Weinerzeugung. Das macht immerhin 750.000 Flaschen aus, ist aber eben nur ein Teil. Olivenhaine und Bienenstöcke findet man auch bei anderen Winzern. Hier aber geht es weiter mit dem Anbau von Weizen, Emmer und Gerste. Aus Letzterem lässt man gleich noch Bier brauen. Zu einem wirklichen Mischbetrieb gehören natürlich Tiere, und auch die sind reichlich vorhanden: Schafe, Ziegen, Schweine, Hühner, Gänse und Enten. Das alles in biologisch zertifizierter Landwirtschaft mit biodynamischen Methoden zum Erhalt der Bodengesundheit.

Zwei Produkte erweitern den Begriff Biodiversität noch um eine historische Komponente. So baut das Gut nicht nur wieder Kentucky-Tabak an, sondern auch Muskateller-Trauben. Während heute die ganze Welt Montalcino mit der Produktion von berühmten Rotweinen in Verbindung bringt, lag hier für lange Zeit das unbestrittene Reich des Moscadello di Montalcino, eines edelsüßen Weißweins aus Muskateller-Trauben.

Seit 1540 dokumentiert, wurde der Moscadello von Päpsten, Großherzögen und Dichtern jahrhundertelang gepriesen, um dann dem Brunello das Feld zu überlassen. Das ist schade, handelt es sich doch um einen der großen Süßweine der Welt. Ohne den »Pascena« von Col d'Orcia, einen teilweise in Barrique ausgebauten Moscadello, wäre sie entschieden ärmer.

Adresse Via Giuncheti, 53024 Montalcino, Tel. +39/0577/80891, www.coldorcia.it | Anfahrt von Montalcino auf der SP 14 Richtung Sant'Angelo Scalo, nach dem Ortsschild links, nach 200 Metern links in die Via Giuncheti | Öffnungszeiten nach Vereinbarung | Tipp Die Slow-Food-Osteria »Antica Fattoria del Grottaione« liegt nur zehn Minuten entfernt in der Via della Piazza in Montenero d'Orcia, (Tel +39/0564/1827081).

87__Colombaio di Santa Chiara

Die Sprache des Vernaccia

Der Konsum von Vernaccia di San Gimignano ist seit 1276 belegt. Das ist auch für italienische Verhältnisse eine lange Zeit. Die meiste davon verbrachte er als Protagonist. Dante erwähnt im XXIV. Gesang seiner »Divina Commedia« den Vernaccia als päpstlichen Luxus, und in Boccaccios »Dekameron« fließt er als Getränk des Schlaraffenlands Bengodi in Strömen. Selbst in der Malerei wurde er häufig abgebildet. 1966 erhielt er als erster Wein Italiens den DOC-Status, also mit kontrollierter Ursprungsbezeichnung. Das allein ergibt schon eine mehr als 700 Jahre lange Kulturgeschichte des Vernaccia di San Gimignano. Nimmt man die seit den Etruskern gestaltete Landschaft hinzu, werden daraus schnell ein paar Jahrtausende, und mit dem Boden aus Kalk, Travertin und Tuffstein geht es noch einmal 200 Millionen Jahre weiter in die Vergangenheit. Wo heute Reben wurzeln, war einst das Meer.

Ein Wein mit solchem Hintergrund muss eine wohlartikulierte Sprache sprechen, mit einem klar vernehmbaren lokalen Akzent. Erst daraus erschließt sich dem Weintrinker seine unverwechselbare Identität. An ihrer Gestaltung haben viele gearbeitet. Die Weingüter Panizzi und Montenidoli sind Meilensteine auf diesem Weg. Doch das Feilen an der Sprache des Vernaccia geht weiter. Die Familie Logi, Inhaber dieses Weinguts, hat es sich zur Lebensaufgabe gemacht. Ihr zufolge sollte sich der Vernaccia in einem Monolog artikulieren: ohne Aromaverstärker wie Chardonnay oder Sauvignon, einfach Wein aus 100 Prozent Vernaccia-Trauben. Die hinter den Rebzeilen aufragenden Türme San Gimignanos fordern zudem vertikale, schlanke Weine: also Gärung im Stahl, Zement oder großen Holzfass. Kein Barrique. Den mineralreichen Boden ins Glas zu bringen, gelingt Familie Logi durch aufwendige Pflege, die die Reben tief wurzeln lässt. Das Ergebnis sind fein gewebte Weine mit unverkennbarer Identität – flüssige Fossilien.

Adresse Località San Donato 1, 53037 San Gimignano, Tel. +39/0577/942004, www.colombaiosantachiara.it | Anfahrt SGC Florenz–Siena, Abfahrt Poggibonsi Nord, Richtung San Gimignano, dort am Kreisel Richtung Volterra, nach 4,4, Kilometern links | Öffnungszeiten nach Vereinbarung | Tipp Sollten die hübschen Zimmer im Weingut ausgebucht sein, ist das »Hotel Casolare Le Terre Rosse« eine gute Alternative (Tel. +39/0577/942073).

88_Conte Matto

Wein in wohlgeordneter Landschaft

Landschaft ist ein kostbares Gut. In der Toskana ist man sich dessen seit Langem bewusst. Bereits 1339 illustrierte der Sieneser Maler Ambrogio Lorenzetti die Folgen einer guten Regierung anhand einer wohlgeordneten Landschaft. Ein heutiges Beispiel bietet die Gegend um die Gemeinde Trequanda. Der 543 Meter hoch gelegene Ort ist umgeben von einem ländlichen Raum, der sich in den letzten Jahrhunderten nicht allzu sehr verändert haben dürfte. Ein wichtiger Grund für den Erhalt dieser ursprünglichen Landschaft ist ihre florierende Agrarwirtschaft. Die Erzeugung von hochwertigem Olivenöl, Wein, Brot und Käse bis hin zu Fleisch sowie ihre Vermarktung über kurze, lokale Lieferketten sorgen dafür, dass die Menschen von ihrem Land leben können.

Will man den Genuss der Landschaft und ihrer Produkte in einem einzigen Erlebnis konzentrieren, sollte man beim »Conte Matto« haltmachen. Das Lokal ist eine typische Osteria. Die gemütlichen Innenräume sind eine gute Wahl bei kühlerem Wetter, aber im Sommer ist ein Essen auf der Panoramaterrasse nahezu konkurrenzlos. Wie immer man sich auch entscheidet, Davide Arrigucci und seine Familie sind Gastronomen besonderer Art. Als Besitzer von über 15.000 Olivenbäumen sind sie in ihrem Land buchstäblich verwurzelt. Küche und Territorium sind bei ihnen auf eine natürliche, wenn auch selten gewordene Art miteinander verbunden. Alle anderen Produkte kommen von Erzeugern der Gegend. Man kennt sich seit Langem.

Auch die Weinkarte ist eine Hommage an die Winzer der näheren Umgebung. Große Etiketten des Chianti Classico oder aus Montalcino fehlen nicht, doch ihre Stärke liegt eher in einer sehr dichten Auswahl lokaler, meist kleiner Produzenten. Man sollte sich darauf konzentrieren. Viele der Weine dürften anderswo kaum zu finden sein. Hauswein, glasweiser Ausschank, halbe oder ganze Flaschen – es stimmt einfach immer, auch preislich.

Adresse Via Taverne 40, 53020 Trequanda, Tel. +39/0577/662079, www.contematto.it | **Anfahrt** A 1, Ausfahrt Valdichiana, auf der SP 38 Richtung Sinalunga, in Trequanda an der Kreuzung rechts | **Öffnungszeiten** Mi–Mo 12–14.15 und 19–21.15 Uhr | **Tipp** Feinen Käse kann man bei der Käserei »Fratelli Farina« im zu Asciano gehörenden Weiler Montecalvoli kaufen (Tel. +39/333/3582126).

89__Corte dei Venti

Das Brunello-Paradox

Wissen bestimmt unsere Wahrnehmung. Daher machen Weinkritiker oft Blindverkostungen. Ist nämlich die Lage eines Weinbergs bei einer Verkostung bekannt, wird die Geschmacks- und Geruchswahrnehmung davon unweigerlich beeinflusst. Die Kenntnis des Breitengrads, der Höhenlage und Ausrichtung eines Weinbergs führt zur Bildung eines Vorurteils, einer sensorischen Erwartung, die nur schwer durch die anschließende Verkostung zu korrigieren ist. Das Problem wird beim Brunello di Montalcino besonders anschaulich. So unterscheidet man in dem Anbaugebiet zu Recht das typische Geruchs- und Geschmacksprofil von Weinen der kühleren Nordseite von jenem der wärmeren Südseite. Erfahrene Verkoster können daher oft genau sagen, woher ein Wein stammt. Oft, aber nicht immer.

Das beweisen die Weine von Clara Monaci. Ihr Brunello zeichnet sich durch Tiefe aus, ist dabei aber nicht muskulös und besitzt ausgezeichneten Trinkfluss. Er haftet nicht breit und schwer am Boden wie ein dicklicher Buddha, sondern gleicht eher einem tanzenden Stern. Bei solcher Eleganz und Anmut würde man zu Recht auf die Nordseite tippen. Das Dumme daran: Das Weingut befindet sich auf der extremen Südseite des Anbaugebiets, noch dazu gerade mal auf 50 Metern Höhe über dem Meeresspiegel. Da hat man also ein regelrechtes Paradox im Glas.

Paradoxien sind eine wunderbare Sache. Sie helfen uns, nicht denkfaul zu werden und das scheinbar Allgemeingültige kritisch unter die Lupe zu nehmen. Einen Anhaltspunkt für eine Erklärung bietet der Name des Weinguts. »Corte dei Venti« (Windhof) deutet an, dass hier die Luft ständig zirkuliert. Das bringt Abkühlung. Die Nähe zum 1.738 Meter hohen Monte Amiata mag ebenfalls eine Rolle spielen. Dennoch, ein Rest an Unerklärlichem bleibt, und so etwas ärgert nicht nur Weinkritiker. Mit einem gut gefüllten Glas dieses Brunello kommt man jedoch darüber hinweg.

Adresse Località Piancornello 35, 53024 Montalcino, Tel. +39/347/3653718, www.lacortedeiventi.it | **Anfahrt** von Montalcino auf der SP 14 Richtung Sant'Angelo Scalo, nach dem Ortsschild links, nach 200 Metern links in die Via Giuncheti und der Straße 5 Kilometer folgen | **Öffnungszeiten** nach Vereinbarung | **Tipp** Für das Restaurant »Il Giardino« an der Piazza Cavour sprechen seine Tische unter alten Bäumen, die Küche und die Weinkarte (Tel. +39/0577/848026).

90__Dolce Vita

Montepulcianos bestes Weinlokal

Ende Oktober in Montepulciano. Eine Stimmung wie in Rilkes »Herbsttag«. Noch liegt eine angenehm laue Luft in den Gassen, aber die auf das 12. Jahrhundert zurückgehenden Räume des Dolce Vita ziehen uns magisch ins Innere. Das Weinlokal wurde uns von einer Freundin empfohlen. Mit ihr und ihrer Familie haben wir uns hier zum Abendessen verabredet. Da sich Francesca arbeitsbedingt etwas verspätet, bietet man uns eine gemütliche Lounge und einen herrlichen Metodo Classico an. Auch eine kleine Wartezeit lässt man in Italien nie lustlos verstreichen. Kaum ist das erste Glas geleert, sind unsere Freunde auch schon da, und so nehmen wir an einem großen hölzernen Rundtisch Platz. Ein Carpaccio vom Chianina-Rind mit Mandeln, Apfelscheiben und Pecorino-Flocken oder doch lieber gleich die Pici (eine Sieneser Nudelart) mit einem Rinderragout auf Vin-Santo-Basis? Während wir noch überlegen, gibt Anita, Francescas neunjährige Tochter, dem Kellner bereits präzise Anweisungen: »Die Carbonara, mit wenig Speck bitte, und von dem Safran nur einen Hauch – sonst wird das Gericht unharmonisch«, erklärt sie selbstbewusst. Während die beiden über die perfekte Zubereitung der Carbonara-Pasta fachsimpeln, hat Francescas Ehemann Fabio bereits einen Rotwein aus dem Piemont gewählt. »Toskanisch trinkt ihr ohnehin die ganze Zeit«, sagt er mit einem verschmitzten Lächeln.

Bei seiner Weinsuche konnte Fabio aus mehr als 850 Etiketten wählen. Im Gespräch mit Cristian Brasini, dem Inhaber des Lokals, wurde er jedoch rasch fündig. Cristian ist Sommelier und diplomierter Käseverkoster. Seit 2006 betreibt er die Enothek. Im Vordergrund stehen immer die Weine. Die leckeren kleinen Gerichte begleiten sie, nie umgekehrt. Cristians Weinkompetenz ist über die Grenzen von Montepulciano hinaus gefragt, und so ist er häufig in New York, Hamburg oder woanders zu Weinpräsentationen unterwegs. Das Dolce Vita ist manchmal eben harte Arbeit.

Adresse Via di Voltaia nel Corso 80/82, 53045 Montepulciano, Tel. +39/0578/758760, www.enotecaladolcevita.it | **Anfahrt** A 1, Ausfahrt Chiusi / Chianciano Terme, auf der SP 146 Richtung Montepulciano, am Parcheggio 6 parken | **Öffnungszeiten** täglich ab 10 Uhr | **Tipp** Die Buchbinderei Koiné in der Via Gracciano nel Corso 22 in Montepulciano fertigt herrliche Notizbücher für Weinliebhaber (Tel. +39/0578/756066).

91__Drogheria e Locanda Franci

Der Brunello und seine Brüder

Die Sangiovese-Traube ist äußerst vielseitig. Wer einen Chianti neben einem Chianti Classico, einem Vino Nobile di Montepulciano und einem Brunello di Montalcino verkostet, könnte leicht glauben, er habe es mit Weinen aus unterschiedlichen Traubensorten zu tun. In Wirklichkeit aber ist es immer Sangiovese. Nur die Böden, das Klima und die Weinbereitung im Keller ändern sich. Noch interessanter wird es, wenn man innerhalb desselben Anbaugebiets die verschiedenen Spielarten seiner Weine miteinander vergleicht.

In Montalcino sollte man da mit dem Rosso di Montalcino beginnen. Die Trauben für diesen Wein stammen aus denselben Weinbergen, die auch den Brunello hervorbringen. Die Winzer haben damit die Möglichkeit, die Trauben selektiv zu verwenden: einen Teil für den komplexen und alterungsfähigen Brunello und den Rest für den jung zu trinkenden, mehr fruchtbetonten Rosso. Der wesentliche Unterschied liegt nämlich in der Weinbereitung, also im Keller. Kühlere Gärtemperaturen und eine kürzere Maischegärung verleihen dem Rosso einen tanninärmeren, fruchtigen Charakter, während der Brunello auf mehr Struktur, Komplexität und Reifepotenzial hin vinifiziert wird.

Ein Restaurant, das diese Unterschiede durch passende Gerichte unterstreicht, ist die stilvolle Drogheria Franci. Sie bietet gehobene Küche mit einem der besten Weinkeller der Gegend. Zu einem *antipasto* oder *primo* passt der Rosso di Montalcino. Ein Wildgericht oder ein gereifter Käse verlangen hingegen nach einem Brunello. Die Krönung des Abends ist dann ein sechs Jahre lang gereifter Brunello Riserva. Dieser ruht in der Schatzkammer, die in einem ehemaligen Brunnen untergebracht ist, zusammen mit älteren Jahrgängen. Spitzenjahre sind 2015, 2012, 2010, 2006, 2004, 1997, 1990, 1988 und 1985. Wer sich dann noch in der im ersten Stock untergebrachten traumhaften Locanda eingemietet hat, ist König.

Adresse Piazzale Fortezza 6, 53024 Montalcino, Tel. +39/0577/848191, www.locandafranci.com | **Anfahrt** Parkplatz Piazzale Fortezza, Lokal gegenüber der Festung | **Öffnungszeiten** Di–So 12.30–14.30 und 19.30–22 Uhr | **Tipp** Zur Mittagszeit erwarten einen Hunderte von Etiketten und köstliche kleine Gerichte in der »Enoteca La Fortezza«.

92_Wine Room

Brunello mit UNESCO-Ausblick

Montalcino ist eine junge Weingegend. Der seit dem Mittelalter auf Ledergerberei spezialisierte Ort machte eine lange Phase wirtschaftlichen Niedergangs durch, bis er mit dem weltweiten Erfolg des Brunello ein Revival erlebte. Das ist gerade einmal 40 Jahre her. Der Startschuss fiel 1980, als dem Brunello di Montalcino als erstem Wein die DOCG-Anerkennung zuteilwurde, die Spitzenstufe der italienischen Qualitätspyramide. Von da an wuchsen die Weinmenge, die Qualität und die Anzahl der auf dem Markt tatsächlich vertretenen Weingüter. Heute sind es rund 200 – zu viele für eine einzige Weinreise.

Um sich einen ersten Überblick zu verschaffen, kann man bei der Familie Fedolfi vorbeischauen. Im Jahr 2004 eröffnete sie ihre »Enoteca di Piazza« und nur vier Jahre später das Lokal »Wine Room«. Hier kann man gleich über 100 verschiedene Weine glas- oder portionsweise verkosten. Eine gute Gelegenheit, sich mit den unterschiedlichen Lagen, Klimazonen und Böden des Brunello vertraut zu machen.

In den tiefer gelegenen Bereichen der sich über 3.500 Hektar erstreckenden Weinberge finden sich mineralreiche, lehmartige Böden, während man aufsteigend vermehrt auf *galestro*, eine Art Tonschiefer, und den *alberese* genannten Kalkmergel trifft. Daneben gibt die Himmelsrichtung den Ausschlag.

Die kühlere Nordseite mit ihren extraktreichen, später reifenden Weinen unterscheidet sich deutlich von der sonnigen Südseite, die alkoholreichere Weine mit beeindruckendem Körper bei etwas geringerer Säure hervorbringt. Weine von der durch Meerwinde temperierten Westseite sind oft besonders aromatisch, während die Ostseite für elegante, harmonische Weine berühmt ist.

Ausnehmend schön ist der Platz am Fenster mit Blick auf das von der UNESCO als Weltkulturerbe ausgezeichnete Orciatal. Im Sommer kann man aber auch draußen sitzen und die Weinprobe mit Wurst- und Käseplatten bereichern.

Adresse Via Giacomo Matteotti 43, 53024 Montalcino, Tel. +39/347/3653718, www.enotecadipiazza.com | **Anfahrt** am Parcheggio Viale Strozzi parken, zu Fuß nach 250 Metern in die Via Gramsci, geradeaus bis zur Piazza Garibaldi, rechts hinab, dann links in die Via Giacomo Matteotti | **Öffnungszeiten** täglich 9–20 Uhr | **Tipp** Einen Brunello im Zusammenspiel mit toskanischen Gerichten bietet die »Taverna di Baietto« direkt gegenüber.

93__Fattoria del Colle

Aschenputtel im Orciatal

Brunello di Montalcino und Vino Nobile di Montepulciano sind weltbekannte Weine. Ihre seit 1966 gesetzlich festgelegten Anbaugebiete sind auch für Geografiemuffel leicht zu orten. Sieht man noch etwas genauer hin, scheint zwischen beiden eine Lücke zu klaffen, gleichsam ein Niemandsland des Weinbaus. So war es jedenfalls lange Zeit. Bis im Jahr 2000 das Weinbaugebiet Orcia DOC aus der Taufe gehoben wurde. Da liegt es nun, im Schatten seiner berühmten Nachbarn, die vom Thron ihrer prestigeträchtigen DOCG-Anerkennung, der höchsten des italienischen Weinrechts, auf die kleine Schwester herabschauen. Erinnert Sie diese Geschichte an etwas? Ja, genau wie das Aschenputtel im Märchen der Brüder Grimm wurden auch die Sangiovese-Weine des Orciatals lange Zeit nicht zum Ball geladen. Doch nach 34 langen Jahren erhielt das Weinbaugebiet dank einiger hartnäckiger Winzer doch noch seine rechtliche Anerkennung.

Eine der Wegbereiterinnen dieses Erfolges ist Donatella Cinelli Colombini, die Grande Dame des toskanischen Weintourismus. Ihr Orcia DOC trägt den Namen »Cenerentola« (Aschenputtel). Schon durch seine sprachliche Verknüpfung mit dem berühmten Märchen präsentiert er sich als geradezu paradigmatischer Wein des Orciagebiets, das seinerseits lange im Abseits stand. Die Sache liegt jedoch noch etwas tiefer: Der Wein wird nicht nur aus Sangiovese, sondern auch unter Verwendung von Foglia Tonda gekeltert. Dabei handelt es sich um eine autochthone Rebsorte, die nahezu in Vergessenheit geraten war, bevor sie von Donatella und einigen anderen Winzern wiederentdeckt wurde. Dabei ist die Paarung eigentlich ein önologisches Dream-Team. Kennzeichen des toskanischen Prinzen Sangiovese ist seine Eleganz. Zum wahren Glück im Orciatal fehlte ihm – wie im Märchen – nur die rechte Braut, eine körperreiche Traube wie die Foglia Tonda, die ihm zur Seite steht. Ende gut, alles gut.

Adresse Località Colle, 53020 Trequanda, Tel. +39/0577/662108, www.cinellicolombini.it | **Anfahrt** A 1, Ausfahrt Valdichiana, auf der SP 38 Richtung Sinalunga, in Trequanda an der Kreuzung rechts, dann der Beschilderung folgen | **Öffnungszeiten** nach Vereinbarung | **Tipp** Das weintouristische Angebot der Fattoria und sein Restaurant legen es nahe, einen längeren Aufenthalt einzuplanen.

94 Fattoria della Talosa

Nobelwein aus der Unterwelt

Montepulciano liegt auf einem 607 Meter hohen Hügel. Atemberaubende Ausblicke über die ländlich geprägte Umgebung sind hier nichts Ungewöhnliches. Das Panorama vom Turm des Palazzo Comunale ist geradezu phänomenal. Richtet man den Blick hingegen auf die stattlichen Bauten aus der Renaissancezeit, merkt man schnell, dass hier über lange Zeit hinweg eine Menge Geld investiert wurde. Das stammte aus der Produktion und dem Handel mit Safran und Färberwaid. Um die Stadt jedoch wirklich zu verstehen, muss man ihr – ganz wörtlich – auf den Grund gehen. Der besteht aus Tuffstein, einem idealen Material für Keller. Die glücklichen Besitzer der majestätischen Stadtpaläste nutzten diese Voraussetzungen, um rasch an gut gekühlte Tropfen zu kommen.

Besonders eindrucksvoll ist ein Besuch der Kellerräume des Weinguts Talosa. Über verwinkelte Gänge und Stufen geht es hinab. Ein kundiger Führer in die Unterwelt Montepulcianos ist der Önologe Cristian Pepi. Er deutet auf Fossilien an der Wand. Das Material, in welches man die Stollen getrieben hat, entstand nicht erst gestern. »Circa fünf Millionen Jahre alt«, meint Cristian gelassen. Immer kühler, immer feuchter wird es, bis man den eigentlichen Weinkeller erreicht. In schweren Fässern ruhen hier bei 14 Grad Celsius und 80 Prozent Luftfeuchtigkeit der Rosso und der Vino Nobile di Montepulciano. Seine Basis ist Prugnolo Gentile, ein Sangiovese-Biotyp.

Nach Voranmeldung kann man die Weine mit einem »light lunch« aus Pecorino, Salami und Schinken verkosten – in unmittelbarer Nähe der Fässer oder in dem einer Höhle gleichenden Verkostungsraum. Wofür man sich auch entscheidet, der Kontakt zur langen Geschichte der Weinerzeugung in Montepulciano geht nie verloren. Wenige Meter von den gefüllten Fässern entfernt befindet sich eine etruskische Grabkammer. Das hätte den lebensfrohen Etruskern gefallen: In Montepulciano geht der Wein nie aus.

Adresse Via Talosa 8, 53045 Montepulciano, Tel. +39/0578/757929, www.talosa.it | Anfahrt A 1, Ausfahrt Valdichiana, auf der SP 327 Richtung Betolle, nach 5,7 Kilometern auf die SP 326, nach 1,1 Kilometern am Kreisel 1. Abfahrt, weiter auf der SP 135 und der Beschilderung folgen | Öffnungszeiten nach Vereinbarung | Tipp Zu den Weinen passende Käse gibt es bei »Cugusi« in der Via di Gracciano nel Corso 31 (Tel. +39/0578/717018).

95 Fattoria Poggio Alloro

Weinberge als Handwerk

Von der Terrasse des Weinguts hat man eine herrliche Aussicht über Weinberge und Olivenhaine hinweg bis zu den mittelalterlichen Türmen von San Gimignano. Wie steingewordene Ausrufezeichen stehen sie da, als wären auch sie in Bann geschlagen von der Schönheit dieser Gegend. Assoziationen ans Paradies stellen sich hier rasch ein. Allzu leicht aber vergisst man dabei, dass diese Landschaft erst einmal mit enormen Mühen und viel Plackerei gestaltet werden musste. Davon erzählen die schwieligen Hände Amico Fioronis, mit denen er gemeinsam mit seinen Brüdern das Gut Poggio Alloro aufgebaut hat. In den 1950er Jahren waren die Fioroni noch Halbpächter, sogenannte *mezzadri*.

Die seit dem späten Mittelalter in vielen Teilen Europas bestehende Halbpacht sah eine Teilung des Ertrags zwischen dem Eigentümer des Bodens und den ihn bearbeitenden Bauern vor. Gerecht ging es dabei so gut wie nie zu. In der Toskana bekam ein *mezzadro* gerade einmal 40 Prozent und musste zudem Naturalabgaben und Dienste zu festgesetzten Zeiten leisten, Wäschewaschen für den Grundherrn inklusive.

In den 1960er Jahren ging dieses System zu Ende. Arbeitskräfte wanderten in die rasch entstehenden Industriezentren ab, die Landschaft verfiel. Das Gesetz, das 1964 diese längst unproduktiv gewordene Form der Landwirtschaft endlich verbot, sah ein Vorkaufsrecht der ehemaligen Halbpächter vor. Damit war die Stunde null der Fioroni gekommen. Es wurde geschuftet wie bisher, aber nun für die eigene, frei gestaltete Zukunft.

Der von ihnen geschaffene Weinbauernhof ist heute ein begehrtes Feriendomizil. Sarah, Amicos Tochter, spricht fließend Englisch, hat die Universität besucht und das Sommelier-Examen abgelegt – die Erste der Fioroni, die studieren durfte. Gemeinsam mit ihrer Familie produziert sie ausgezeichnete Bioweine, Olivenöl und Safran, außerdem züchtet sie Chianina-Rinder. »Ein Paradies«, sagt sie stolz.

Adresse Via Sant'Andrea 23, 53037 San Gimignano, Tel. +39/0577/950153, www.fattoriapoggioalloro.com | **Anfahrt** SGC Florenz – Siena, Abfahrt Poggibonsi Nord, auf der SR 429 Richtung Certaldo, am 2. Kreisel Richtung Ulignano, dort links Richtung San Gimignano | **Öffnungszeiten** nach Vereinbarung | **Tipp** In der kühleren Jahreszeit brennt abends der große Kamin, und man kann bei der Oliven- und Safranernte helfen. Ausprobieren!

96 Félsina

Weinmachen als Dekantieren der Tradition

Geschichte ereignet sich im Wechsel von Tradition und Revolte. Wie es der polnische Denker Leszek Kołakowski einst formulierte: »Ohne Revolte würden wir noch immer in Höhlen leben, würde aber die Revolte einmal universell, befänden wir uns wieder in den Höhlen.« Dieser kluge Satz gilt auch für die Geschichte der Weinerzeugung. Auch in ihr gibt es Momente, in denen Traditionen aufzugeben sind, ohne dabei gleich das Kind mit dem Bade auszuschütten. Ab und an steht behutsames Dekantieren an.

In der Toskana war ein solcher Moment in den 1960er Jahren gekommen. Nicht nur hatten sich alte Formen der Landwirtschaft überlebt, auch der Stil der toskanischen Weine war obsolet geworden. Leichte, für raschen Konsum gemachte Weine wurden zunehmend unverkäuflich. Nicht alles war über den Haufen zu werfen, aber vieles musste neu gedacht werden, um den toskanischen Wein modernitätstauglich zu machen.

Dafür steht das Weingut Félsina. Der Name verweist auf die etruskischen Ursprünge des Ortes. Altes Weinland also, mitunter auch Jagdgebiet. 1966 erwarb es die Familie Poggiali. Jetzt wurde es ernst mit dem Wein. Schon der 1967 erstmals produzierte Chianti Classico »Berardenga« vereinte Tradition und Erneuerung, wie das vom Designer Silvio Coppola gestaltete Etikett demonstrierte. Einen Ortsnamen grafisch hervorzuheben war damals eine kleine Sensation, deutete aber bereits die Ausrichtung auf eine Arbeit am Terroir an. Auch der aus einer Einzellage stammende Chianti Classico »Rancia« wurde ein maßstäbesetzender Erfolg, und mit dem »I Sistri« genannten Chardonnay stellte man unter Beweis, dass die Toskana auch große Weißweine hervorbringen kann.

So viel Dekantierungsarbeit könnte leicht ermüden, aber bei Félsina ist bereits die nächste Neuerung im Gange: feine Schaumweine. Vier sind es bisher. Der Blanc de Noir aus 60 Prozent Sangiovese und 40 Prozent Pinot Noir ist ein Glanzstück.

Adresse Via del Chianti 101, 53019 Castelnuovo Berardenga, Tel. +39/0577/355117, www.felsina.it | **Anfahrt** A 1, Ausfahrt Valdichiana, Richtung Sinalunga / Bettolle, rechts auf die SP 327, im Kreisel 2. Ausfahrt, im nächsten Kreisel 1. Ausfahrt, weiter auf der SS 715, Abfahrt Castelnuovo Berardenga | **Öffnungszeiten** nach Vereinbarung | **Tipp** In der »Taverna della Berardenga« in der Via del Chianti 70 erwartet den Gast leckere Küche mit glasweisem Weinausschank (Tel. +39/0577/355547).

97_Mastrojanni

Big is beautiful

Bisweilen liest man, nur kleine Winzer könnten authentische Weine machen. Nur wer jeden Tag im Schweiße seines Angesichts den eigenen Weinberg bearbeite, habe eine wirkliche Beziehung zu Boden, Traube und Wein. Diesem Winzer von echtem Schrot und Korn stünden von schnöden Gewinnerwartungen getriebene Weinindustrielle gegenüber.

Die Wirklichkeit ist freilich komplexer, als es diese romantische Sichtweise will. Das beweist ein Besuch beim Weingut Mastrojanni. Im Jahr 1975 kaufte der römische Rechtsanwalt Gabriele Mastrojanni einige Weinberge bei Montalcino. Schon da wird der romantische Weinkritiker einhaken: Was bitte schön hat denn ein Rechtsanwalt aus Rom mit Wein aus Montalcino zu tun? Solange es nur wenige Hektar sind und vor allem solange nicht das große Kapital den Weinkeller erreicht, mag er noch ein Auge zudrücken. Doch dann verstarb Mastrojanni, und das Weingut wurde von der Gruppe Illy erworben, einer Aktiengesellschaft.

Anders als es der eingefleischte Romantiker wahrhaben möchte, war diese Übernahme ein Glücksfall. Denn das große Unternehmen hatte das nötige Geld, um das Weingut so einzurichten, wie es sein Leiter Andrea Machetti und der Önologe Maurizio Castelli wollten. Ihr Ziel ist es, auf traditionelle Weise exzellente Weine zu machen. Dazu folgen sie der Strategie Hufelands, des Vaters der Makrobiotik: »Vorbeugen ist besser als Heilen.« Deshalb findet man im Weinberg Gründüngung und Algen zur Stärkung der pflanzlichen Abwehrkräfte anstelle von Agrarchemie. Auch im Keller folgt man der Tradition: Die Gärung erfolgt im Zement und nicht im Stahl. Zum Ausbau kommen dann keine Barriquefässer zum Einsatz, sondern großes Eichenholz. Bevor nun unser Romantiker weiche Knie bekommt, schenken wir ihm je ein Glas der Einzellagenweine »Schiena d'Asino« und »Vigna Loreto« ein. Er wird zustimmen: Authentischer kann Brunello kaum sein.

Adresse Poderi Loreto e San Pio, 53024 Castelnuovo Abate, Tel. +39/0577/835681, www.mastrojanni.com | **Anfahrt** von Montalcino auf der SP 55 Richtung Castelnuovo dell'Abate, dort links und 2,4 Kilometer der Beschilderung »Mastrojanni« folgen | **Öffnungszeiten** nach Vereinbarung | **Tipp** Auch ältere Jahrgänge finden sich auf der Weinkarte des Ristorante »Il Giglio« in der Via Soccorso Saloni 5 in Montalcino (Tel. +39/0577/848167).

98 Melini

Keine Scheu vor Technik

Italien ist der größte Weinexporteur der Welt. Das war nicht immer so. Mitte des 19. Jahrhunderts verkauften nicht nur Frankreich, sondern selbst Spanien und Portugal weitaus mehr Wein ins Ausland. Einer der Gründe dafür lag in der geografischen Lage Italiens, die lange Transportwege zu den Märkten bedingte. In der Toskana kam erschwerend hinzu, dass der Hals der bastumflochtenen Glasflaschen, der *fiaschi*, dem Druck eines Korkens nicht standhielt. Der Wein wurde deshalb mit etwas Olivenöl bedeckt und die Flaschen sodann mit Papier verschlossen. Dabei ging allerdings der Inhalt leicht verloren, und der Wein oxidierte, bevor er die Kunden erreichte.

Das 1705 gegründete Weingut Melini erkannte, dass die im Ausland berühmten *fiaschi* nicht einfach durch andere Flaschenformen ersetzt werden konnten, sondern technisch zu verbessern waren. Die Lösung war ein verstärkter Flaschenhals, den der Glasmacher Paolo Carrai erfunden hatte. Nun konnte auch toskanischer Wein unbeschadet lange Reisen überstehen.

Auf technologischen Fortschritt zu setzen ist trotz mehrfachem Besitzerwechsel immer ein Kennzeichen dieses Weinguts geblieben. 1969 begann man, einen neuen Keller zu bauen. Der Hügel wurde dabei in drei Ebenen geschnitten. Damit konnte die natürliche Schwerkraft bei der Weinbereitung genutzt und auf das der Qualität abträgliche Pumpen des Weins verzichtet werden. Auch wurde der Keller so angelegt, dass alle Moste separat vinifiziert werden können. Erst dadurch lässt sich den unterschiedlichen Weinberglagen auch im Keller gerecht werden. In den 1960er Jahren war das eine äußerst weitsichtige Überlegung. Ihren praktischen Ausdruck findet sie im »Selvanella«. Seit dem Jahr 1969 trägt dieser aus einer einzigen Lage gekelterte Spitzenwein den Lagennamen auf dem Etikett. In der Schatzkammer des Weinguts sind noch alle Jahrgänge lückenlos vorhanden.

Adresse Località Gaggiano, 53036 Poggibonsi, Tel. +39/0577/998511 | **Anfahrt** SGC Florenz–Siena, Abfahrt Poggibonsi Nord, im Kreisel 3. Ausfahrt auf die SR 2, nach 1,1 Kilometern links auf die SR 429 | **Öffnungszeiten** nach Vereinbarung | **Tipp** Im Agriturismo »Zafferano di Casanova di Pescille« bei San Gimignano vereint sich Atmosphäre mit moderner toskanischer Küche (Tel. +39/0577/941907).

99_Osteria Le Panzanelle

Weinentdeckungen in der Osteria

Osterien sind die Säulen italienischer Gastlichkeit. Ihre Geschichte lässt sich bis zu den *cauponae* der römischen Antike zurückverfolgen. Auch berühmte Reisende wie Johann Wolfgang von Goethe und Richard Wagner schätzten ihre Atmosphäre. Neben Kirche und Piazza waren diese Gasthäuser die wichtigsten Orte, an denen unterschiedliche Menschen zusammenkamen, weshalb sie in Literatur und Malerei ein beliebtes Sujet wurden. Eine besondere Bedeutung erlangte das 1908 publizierte Werk »Kulturgeschichtlicher Führer durch Italiens Schenken vom Gardasee bis Capri« des deutschen Journalisten Hans Barth. Hatten die Bildungsreisenden der Grand Tour zuvor über die Kunstwerke Italiens berichtet, so präsentierte Barth Italien nun aus der Perspektive seiner regionalen Küchen und Weine. Im Grunde handelte es sich dabei um den ersten Gastroführer Italiens. Sogleich ins Italienische übersetzt, wurde das Buch mehrfach aufgelegt und fand erst 1990 mit dem Werk »Osterie d'Italia« der Slow-Food-Bewegung eine moderne Fortführung.

Trotz dieser langen Geschichte sind die Kennzeichen einer Osteria nahezu unverändert geblieben. Eine eng an die kulinarischen Traditionen der Region gebundene Küche, frische Zutaten aus lokaler Produktion und eine familiäre Leitung sind ihr unverzichtbarer Kern.

Lokaler Abstammung ist auch Nada aus dem nahe gelegenen Panzano. Durch Silvia in der Küche unterstützt, bewirtet sie ihre Gäste mit üppigen Portionen eines abwechslungsreichen toskanischen Menüs. Auf dem Weingut Volpaia hatte sie ihre kommunikative Kompetenz unter Beweis gestellt, bevor sie 2002 das Wagnis einer eigenen Osteria einging. Für die umfangreiche, gepflegte Weinkarte zeichnet ihr Mann Paolo verantwortlich. Seine Auswahl bevorzugt weniger bekannte Winzer des Chianti Classico gegenüber den Etiketten der international verbreiteten Weingüter. Man darf also auf Entdeckungen gespannt sein.

Adresse Località Lucarelli 29, 53017 Radda in Chianti, Tel. +39/0577/733511, www.lepanzanelle.it | **Anfahrt** von Florenz auf der SR 222, nach Panzano links Richtung Radda, weitere 1,7 Kilometer auf der SP 2 bis | **Öffnungszeiten** Di–Sa 12.30–14 und 19.30–21.30 Uhr, So nur 12.30–14 Uhr | **Tipp** Das gleich nebenan gelegene, vielfach prämierte Weingut »Il Mulino di Grace« ist ein Aushängeschild des Chianti Classico (Tel. +39/055/8561010).

100_Palagione

Der Vernaccia-Tüftler

Der Wein wurde ihm nicht in die Wiege gelegt. Giorgio Comotti war Inhaber einer großen Fahrschule und Kfz-Zulassungsstelle in der Wirtschaftsmetropole Mailand, der Stadt, die niemals schläft. Das Geschäft mit den Motoren lief bestens, doch etwas fehlte. Es war das Leben. Erste Fluchtversuche in den frühen 1990er Jahren führten aufs Land. Gemeinsam mit seiner Frau Monica dachte er zunächst lediglich an ein geruhsames Feriendomizil in der Toskana. Langsam jedoch reifte in ihm die Idee: Und wenn wir hierbleiben und Winzer werden? Leichter gedacht als getan. Die Kinder waren in der Großstadt verwurzelt, und die finanzielle Seite plant ein Lombarde mit Sorgfalt.

1996 wurde endlich der Kaufvertrag unterschrieben, im darauffolgenden Jahr der erste Weinberg gepflanzt. Als Winzer-Neuling suchte Comotti Rat bei Nachbarn, holte sich einen Önologen und vertiefte sich in die wissenschaftliche Literatur zur Weinherstellung. »Verstanden habe ich anfangs rein gar nichts«, erzählt er lachend. »Ich folgte daher einfach den Empfehlungen meines Önologen.« Das Ergebnis überzeugte, die Weine schmeckten durchaus. Aber »es waren nicht meine Weine, ich wollte mehr Frische und Mineralität«.

Also kam alles noch einmal auf den Prüfstand. Der Neustart setzte beim Weinberg an. Kein drastisches Entlauben, frühe und selektive Lese in mehreren Durchgängen, Ausrichtung einiger Weinberge nach Nordosten. Auch die Kellertechnik wurde umgestellt: verschiedene Gärbehälter, tiefe Gärtemperaturen, wöchentliche Bâtonnage … Als von der Tradition unbelasteter Neuling konnte Giorgio Verfahren ausprobieren und neue Kombinationen austüfteln. Nicht alles funktionierte, aber langsam wurden es seine eigenen Weine. Heute stehen ihm seine beiden Söhne zur Seite: Gabrio im Weinberg, Gregorio im Keller. Ihre vier Vernaccia-Weine sind stilistisch präzise Meisterstücke von erfrischender Modernität.

Adresse Castel San Gimignano, 53037 San Gimignano, Tel. +39/0577/953134, www.ilpalagione.com | Anfahrt SGC Florenz – Siena, Abfahrt Colle Val d'Elsa Nord, auf der SS 68 Richtung Volterra, an der Gabelung rechts auf die SP 47 Richtung San Gimignano | Öffnungszeiten nach Vereinbarung | Tipp In der Via di Castel San Gimignano 35 wartet das Restaurant »Tre Archi« mit verlässlicher Qualität zu ländlichen Preisen (Tel. +39/0577 953099).

101 Paradiso di Frassina

Mozart als Rebenbooster

Musik begleitet den Wein seit seinen Anfängen. Der griechische Weingott Dionysos war zugleich auch der Gott der Musik. In den dionysischen Ritualen verschmolzen in der Tat der Genuss von Wein und das Hören von Musik zu einer einzigen ekstatischen Erfahrung. Diese Praxis setzte sich in den römischen Bacchanalien fort und bildete das Modell für alle späteren von Wein begleiteten Feste, von adeligen Banketten bis hin zu Dorffesten der Winzergemeinden.

Musik und Wein sind also für Menschen ein stimmiges Paar. Aber wirkt Musik auch positiv auf Reben? Dieser Frage wollte der Brunello-Winzer und Hobbymusiker Carlo Cignozzi nachgehen. Dazu las er erst einmal alles zum Thema Pflanzen und Musik, von vedischen Texten bis hin zu modernen Forschungen, machte sich Gedanken und legte los. Einige Freunde gaben technische Hilfestellung, viele Winzerkollegen hingegen belächelten das Projekt. Entscheidend war die Unterstützung durch Stefano Mancuso, Professor für Pflanzenneurobiologie an der Universität Florenz. Im Frühjahr 2005 startete dieser auf dem »Paradiso di Frassina« genannten Weingut Cignozzis einen Feldversuch, um die Auswirkungen von Musik auf Weinreben zu untersuchen. 126 hochmoderne Lautsprecher der Firma Bose wurden dazu im Weinberg installiert.

Die Ergebnisse waren ermutigend: Die mit Mozart beschallten Pflanzen waren weniger anfällig für Befall mit echtem und falschem Mehltau, kamen besser mit Trockenstress zurecht und reiften früher. Wie eine Folgestudie der Universität Pisa zeigte, scheint auch die gefürchtete amerikanische Rebzikade die klingenden Weinberge zu meiden. Das alles bedeutet minimalsten Bedarf an chemischem Pflanzenschutz – positiv für Flora, Fauna und Mensch. Der »Flauto Magico« getaufte Brunello Riserva aus einer Einzellage schmeckt so hervorragend, wie ein großer Brunello schmecken sollte. Man kann ihn getrost auch mit Chopin genießen.

Adresse Località Frassina, 53024 Montalcino, Tel. +39/0577/839031, www.alparadisodifrassina.it | **Anfahrt** von Siena auf der SR 2 Richtung Buonconvento, nach Buonconvento rechts Richtung Montalcino, nach 3,5 Kilometern rechts, der Beschilderung folgen | **Öffnungszeiten** nach Vereinbarung | **Tipp** Beim Direktverkauf der Käserei »Fior di Montalcino« in der Località Ceramital 3 in Buonconvento kann man auch Mittagspause machen (Tel. +39/389/1214228).

102 Podere Alberese

Langsamkeit im Eilschritt

Zeit ist eine merkwürdige Sache. Meist wird sie über den Gegensatz von Verlangsamung und Beschleunigung, Stillstand und Bewegung beschrieben. Seltener sind Versuche, die beiden Pole miteinander zu verbinden. Dabei ist die Idee recht alt. Das dem römischen Kaiser Augustus zugeschriebene Motto »festina lente«, wörtlich übersetzt »langsam eilen«, bringt sie auf den Punkt. Der scheinbare Widerspruch meint nichts anderes als die Aufforderung, ohne Verzögerung, aber mit Bedacht zu handeln, Tatkraft und Besonnenheit zu verbinden.

Ein Beispiel dafür ist die Winzerin Lucia Bozzano vom Weingut Podere Alberese. Ihr Winzerleben hat sie bisher im Eilschritt durchlaufen. Nach ihrem Önologen-Diplom an der Universität Mailand folgten erste Erfahrungen bei toskanischen Weingütern wie Col d'Orcia und Poggio di Sotto, bevor sie die Leitung des elterlichen Betriebs übernahm. Schnell fand sie zu ihrem eigenen Stil. Bei der gemeinsamen Verkostung nimmt sie sich Zeit – viel Zeit. Sie kommentiert ihre Weine ausführlich, antwortet auf Fragen und stellt selbst welche, alles jedoch in einem sprudelnden Rhythmus. Ein Verdacht wird bestätigt: Lucia ist gebürtige Mailänderin. Das erklärt ihr Tempo. In ihrer Wahlheimat Toskana geht es langsamer zu. Das erklärt das ruhige Verstreichen der Zeit bei der Verkostung.

In ihren Weinen fügt sich beides zur Synthese. Im Weinberg und im Keller steht sie oft allein. Warten, bis Hilfe kommt, ist nicht ihre Art. Entscheidungen, die keinen Aufschub dulden, werden rasch getroffen. Ihren Weinen hingegen lässt sie die Zeit, die sie brauchen. Der Sangiovese aus einer Einzellage etwa bleibt ganze 48 Monate im Holzfass und ruht dann noch einmal 36 in der Flasche, bevor er in den Handel kommt. Eine so lange Lagerung birgt große, auch finanzielle Risiken. Es braucht schon viel Winzerinstinkt, um vom Eilschritt ins Zeitlupentempo zu wechseln.

Adresse Località Casabianca, 53041 Asciano, Tel. +39/0577/705089, www.poderealberese.it | **Anfahrt** A 1, Ausfahrt Valdichiana, Richtung Sinalunga / Bettolle, rechts auf die SP 327, im Kreisel 2. Ausfahrt, im nächsten Kreisel 1. Ausfahrt, weiter auf der SS 715, Abfahrt Asciano und weiter auf der SP 10 | **Öffnungszeiten** nach Vereinbarung | **Tipp** Die Ferienwohnungen des Weinguts sind ein idealer Standort für Erkundungen von Montalcino, Montepulciano, Cortona und des südlichen Teils des Chianti.

103__Poliziano

Herkunft ist das Ziel

Das Weingut Poliziano wurde von Dino Carletti gegründet. Sein Name hat also nicht direkt mit der Eigentümerfamilie zu tun. Indirekt aber schon. Nennt man doch jeden in Montepulciano geborenen Menschen einen *poliziano*. Die Namensgebung ist daher als Ausdruck einer starken Identifikation der Weingutbesitzer mit ihrem Ort zu verstehen. Engstirniger Lokalpatriotismus ist das freilich nicht. Getreu der Einsicht, dass man eigentlich nur auf das stolz sein kann, was man selbst geschaffen hat, ruhten sich die Carletti nie auf dem großen Namen ihrer Weingegend aus. Vielmehr arbeitete man an der Qualitätssteigerung der Weine, und das bereits zu Zeiten, in denen viele Betriebe noch auf Massenproduktion abzielten.

Was aber macht die Qualität eines Weins aus? Ein den Weinliebhaber ansprechendes, nachhaltig erzeugtes und gesundheitlich unbedenkliches Getränk ist der Fokus vieler Betriebe. Bei Poliziano aber geht man noch einen entscheidenden Schritt weiter. Die Zielvorgabe ist hier, unterschiedliche Lagen des Weinbaugebiets Montepulciano geschmacklich präzise abzubilden. Durch eine umfassende wissenschaftliche Untersuchung versuchte man daher herauszubekommen, welchen Einfluss mikroklimatische und pedologische Faktoren auf die Qualität der Trauben haben. Durch diese »Zonierung« genannte Arbeit gelang es, zwei völlig unterschiedliche Weinbergparzellen voneinander abzugrenzen: den Asinone und den Caggiole. Der nach Süden ausgerichtete, tonhaltige, an Magnesium und Kalium reiche Weinberg des Asinone verleiht den Trauben der über 40 Jahre alten Sangiovese-Reben Vielschichtigkeit und Kraft. Ganz anders liegt es hingegen beim Caggiole: Hier wurzeln die nach Osten blickenden Rebstöcke in lockeren Sandböden aus dem Pliozän. Unvergleichliche Eleganz und feine Salzigkeit im Abgang sind sein Markenzeichen. Terroir-Skeptiker werden hier auf eine harte Probe gestellt.

Adresse Via Fontago 1, 53045 Montepulciano Stazione, Tel. +39/0578/738171, www.carlettipoliziano.com | **Anfahrt** A 1, Ausfahrt Valdichiana, SP 327 Richtung Sinalunga/Bettolle, nach 5,7 Kilometern auf die SP 326, nach 6,2 Kilometern links in die Via Umbria und 1,3 Kilometer weiter | **Öffnungszeiten** nach Vereinbarung | **Tipp** Im ehemaligen Wohnhaus des Humanisten Angelo Poliziano in Montepulciano befindet sich die Enothek »Le Stanze del Poliziano« (Via del Poliziano 1, Tel. +39/0578/758275).

104 Rocca delle Macìe

Vom Western zum Wein

»Wo ist der Wein? Das ist ja Wasser!«, ruft der Bandit Mescal empört aus. Kurz darauf hagelt es Ohrfeigen, bis der »Kleine« alias Bud Spencer hilfreich einspringt. Die bekannte Szene aus dem 1970 erschienenen Western »Lo chiamavano Trinità« (»Die rechte und die linke Hand des Teufels«) ist kein Einzelfall. Auch in dem Folgefilm »Vier Fäuste für ein Halleluja« steht Wein und nicht Whiskey im Vordergrund. Die beiden Werke haben Filmgeschichte geschrieben. Mit ihnen vollzog der Produzent Italo Zingarelli den Übergang vom klassischen Italowestern zur ironischen Westernkomödie. Vor allem aber schuf der weltweite Erfolg der Filme die finanzielle Grundlage, um Zingarellis Traum zu verwirklichen: seinen eigenen Wein produzieren.

Nachdem Zingarelli in Barolo und in Montalcino Ausschau gehalten hatte, wurde er unterhalb von Castellina in Chianti fündig. Seine Nachbarn sind die berühmten Weingüter Tenuta di Lilliano und Castello di Fonterutoli. Dazwischen aber war damals nichts. Von den 93 Hektar der 1973 erworbenen Tenuta Macìe waren gerade mal zwei dem Weinbau gewidmet. Heute besitzt das Weingut über 500 Hektar, wovon mehr als 200 dem Weinbau dienen. Über 70 Prozent der Produktion werden im Ausland verkauft. Dabei sind die 25 Hektar Olivenhaine nicht zu vergessen, aus denen ein herrlich duftendes Öl gewonnen wird.

Seit 1985 ist Italos Sohn Sergio mit von der Partie. Das Gut ist nach wie vor ein Familienbetrieb. Besonderen Wert legt man auf Gastlichkeit. Schnell stellt sich bei einem Besuch eine herzliche Atmosphäre ein. Wer möchte, kann nach einer Verkostung auch das kleine filmgeschichtliche Museum besuchen. Die Vergangenheit ist angenehm unaufdringlich präsent. Das schließt Stolz nicht aus: Der Chianti Classico Gran Selezione 2016 trägt den Namen »Lo chiamavano Trinità«. Er wurde in 1.970 Magnumflaschen abgefüllt. Zur Erinnerung an das Jahr, in dem alles begann.

Adresse Località Le Macìe, 53011 Castellina in Chianti, Tel. +39/0577/7321, www.roccadellemacie.com | Anfahrt SGC Florenz–Siena, Abfahrt San Donato, über die SP 101 auf die SP 76, nach Castellina in Chianti, am Ortsausgang rechts Richtung Castellina Scalo | Öffnungszeiten nach Vereinbarung | Tipp Ein Feriendomizil der Spitzenklasse ist das Relais »Riserva di Fizzano« in Castellina in Chianti (Tel. +39/0577/7371).

105 Rocca di Montestaffoli

Landschaft – ein neuzeitliches Vergnügen

Unter den Panoramen der Toskana gehört die Rocca di Montestaffoli zu den eindrucksvollsten. Dennoch gelangen nur wenige Besucher des Ortes San Gimignano bis zu dessen höchstem Aussichtspunkt. Schade, denn der kurze, wenn auch steile Aufstieg zu der im 14. Jahrhundert erbauten Festung lohnt. Erhalten sind nur einige Mauerreste und ein kleiner Turm, den es zu erklimmen gilt. Von dort bietet sich eine wundervolle Aussicht. Der Blick schweift weit über die aus Weinbergen, Olivenhainen und Zypressen gestaltete toskanische Landschaft. Nichts stört die Harmonie des Anblicks, kein Lärm dringt ans Ohr.

Heutzutage erscheint vielen das Vergnügen, das eine schöne Landschaft bereitet, als eine pure Selbstverständlichkeit. Das war jedoch keineswegs immer so, wie ein Erlebnis des Humanisten Francesco Petrarca zeigt. Im Jahr 1336 bestieg er den in der Provence gelegenen Mont Ventoux. Am Gipfel angekommen, war er gefangen vom reizvollen Anblick der sich unter ihm ausbreitenden Landschaft. Genau in diesem Moment erinnerte er sich jedoch der Worte des heiligen Augustinus, der in seinen »Bekenntnissen« solch reine, von Neugierde getriebene Schaulust als ein der Seele abträgliches Tun gebrandmarkt hatte, was Petrarca den Genuss gründlich vermieste. Betroffen stieg er ab und hielt sich danach von Gipfeln fern.

Petrarca steht an der Schwelle zu unserem heutigen Interesse an Landschaft, das erst 100 Jahre nach ihm, in der Renaissance, erwachte. In dieser Epoche geht die auf reine Innerlichkeit zielende Malerei des Mittelalters zu Ende. Ihre auf einem Goldgrund platzierten Madonnen mit Jesuskind und Heiligen weichen einem wirklichkeitsnahen Raum, den es nun bis in den letzten Winkel hinein und mit allen denkbaren Details zu füllen gilt, mit Pflanzen, Tieren, Häusern und Hügeln. So entsteht etwas völlig Neues und bis dahin tatsächlich Unbekanntes: Landschaft.

Adresse Via della Rocca, 53037 San Gimignano | Anfahrt am Parcheggio 2 Montemaggio parken, zu Fuß durch die Porta San Giovanni bis zur Piazza del Duomo, am Dom rechts vorbei, an der Weggabelung links, durch den Mauerbogen hindurch | Öffnungszeiten immer zugänglich | Tipp Die (damals) neue Lust auf Landschaft zeigen die Fresken des Malers Benozzo Gozzoli in der Kirche Sant'Agostino an der gleichnamigen Piazza.

106 Salcheto

Nachhaltiger Weinbau

Nachhaltigkeit ist in aller Munde. Kaum ein Winzerbetrieb, der auf seiner Webseite das Zauberwort nicht für sich reklamiert. Einer Definition der Vereinten Nationen zufolge ist eine Wirtschaftsweise nachhaltig, wenn sie »den Bedürfnissen der heutigen Generation entspricht, ohne die Möglichkeiten künftiger Generationen zu gefährden, ihre eigenen Bedürfnisse zu befriedigen«. Die Idee ist jedoch weit älter, als man denkt. Bereits 1713 wurde sie in Hans Carl von Carlowitz' »Lehrbuch der Forstwirtschaft« verwendet. Erst in letzter Zeit wurden die umweltrelevanten Aspekte der Nachhaltigkeit um ökonomische und soziale Gesichtspunkte ergänzt. Umweltschonender Weinbau, der zu Entlassungen oder gar zur Betriebsschließung führt, ist genauso wenig nachhaltig wie jener, der schlecht bezahlte Lesehelfer anstellt. Der Ausgleich zwischen Ökologie, Ökonomie und Sozialem ist daher die Zielvorgabe, die man bei Salcheto Schritt für Schritt umgesetzt hat.

Wie so etwas in der Praxis aussieht, kann man bei Salcheto erleben. Es ist das erste italienische Weingut, das einen Wohlfahrtsplan für seine Mitarbeiter eingeführt hat. Im Weinberg folgt man biologischen und biodynamischen Prinzipien. Ein Großteil der Umweltbelastung entsteht jedoch im Weinkeller und im anschließenden Vertrieb. Deshalb baute man im Jahr 2009 einen hypermodernen Weinkeller, der energetisch weitgehend autonom ist. Tief im Hügel versenkt, hat er eine natürliche Kühlung. Über ein raffiniertes Spiegelsystem wird Tageslicht nach unten geleitet. Eine 100-prozentige Klärung des Brauchwassers ist da schon eine Selbstverständlichkeit. Seit 2013 verwendet man leichte Weinflaschen mit einem Gewicht von unter 280 Gramm, um auch die Nachhaltigkeit der Vertriebswege zu verbessern. Den vom Weinberg bis zum Tisch hinterlassenen CO_2-Fußabdruck kann man sich auf der Webseite ausrechnen lassen. Eine dem Umweltbewusstsein förderliche Innovation. Weltweit die erste dieser Art.

Adresse Via di Villa Bianca 15, 53045 Montepulciano, Tel. +39/0578/799031, www.salcheto.it | **Anfahrt** A 1, Ausfahrt Chiusi-Chianciano Terme, SP 146 Richtung Montepulciano, 2,4 km nach dem Ortsschild von San Albino rechts ab in die Zielstraße | **Öffnungszeiten** nach Vereinbarung | **Tipp** Die feine Osteria »La Porta« in der Via del Piano 1 im nahen Monticchiello ist einen Abstecher wert.

107 Tempio del Brunello

Meditationen zum Brunello

Meditation ist eine altbekannte Übung. Durch meditative Techniken soll die Aufmerksamkeit geschärft werden, um zu tieferen Einsichten zu gelangen. Ein altertümliches Wort dafür ist Versenkung, die Fähigkeit, sich ganz und gar auf eine Sache zu konzentrieren. Dazu braucht es vor allem Stille. Typische Orte der Meditation sind daher Tempel oder Klöster.

Da mag es seltsam klingen, ja geradezu provokant erscheinen, ein multimediales Weinmuseum als Tempel zu bezeichnen. War nicht gerade das Ausblenden der Sinnenwelt seit jeher das Anliegen aller Orte der Meditation? Um dem Ganzen dann noch die Krone aufzusetzen, hat man das Museum in einem ehemaligen Augustinerkloster untergebracht.

Der Besuch beginnt im Kreuzgang. Eine gut sortierte Auswahl an Büchern zur Geschichte von Montalcino, zu seiner Kunst, Botanik und natürlich zum Wein ermöglicht dem Besucher, sich ganz klassisch in die Lektüre zu vertiefen. Das ist allerdings nur der Auftakt. Die Frage, ob man denn nun wirklich offenen Auges meditieren könne, entscheidet sich nicht hier, sondern an einem mit Virtual-Reality-Headset ausgestatteten Stuhl, dem Startplatz für einen Videoflug über Montalcino und Umgebung. Jetzt ist es wohl vorbei mit aller Versenkung, denkt man. Weit gefehlt. Vom Flug über Berge und Täler zurück, ist man gerade nicht zerstreut, sondern auf eine ganz merkwürdige Art fokussiert. Der Eindruck verstärkt sich noch beim Gang durch die im unteren Stockwerk befindlichen Räume. Hier werden mit Hilfe von Videos zu Boden, Klima, Biodiversität und Winzerarbeit die tragenden Pfeiler der Welt des Brunello vorgestellt. Die Audioeinblendungen von Stimmen berühmter Winzer erweitern das meditative Spektrum um eine beeindruckend emotionale Dimension. Zum Abschluss kann man die Tiefe eines großen Brunello bei einer Verkostung ergründen. Auch das verlangt Konzentration und Stille.

Adresse Via Ricasoli 31, 53024 Montalcino, Tel. +39/0577/286300, www.orodimontalcino.it | **Anfahrt** auf dem Parcheggio Viale Strozzi parken, zu Fuß nach 250 Metern in die Via Gramsci, links in den Viale della Libertà, dann rechts in die Via Sant'Agostino | **Öffnungszeiten** April–Okt. täglich 10.30–19 Uhr, Nov.–März Sa, So 10.30–17 Uhr | **Tipp** Im selben Gebäude befinden sich auch das archäologische und das kunsthistorische Museum sowie ein Fahrradverleih.

108 Tenuta Luce

Eine toskanisch-kalifornische Partnerschaft

Weinstile gibt es viele. Da Vielfalt aber Unübersichtlichkeit zur Folge hat, sind vereinfachende Unterscheidungen beliebt. Etwa die zwischen einem Weinstil der Neuen und der Alten Welt. Weine der Neuen Welt, heißt es, seien fruchtbetont, alkohol- und extraktreich sowie vom Eichenholz geprägt, während jene der Alten Welt einen leichteren Körper mit einem mineralischen, floralen und erdigen Bukett vereinten. In drei Worten: Kraft gegenüber Eleganz. Solche Schematisierungen greifen freilich zu kurz. Die Welt des Weins ist viel komplexer, vor allem aber spannender.

Das lässt sich am Beispiel des Weins »Luce« verfolgen. Er verdankt sich der Zusammenarbeit zweier herausragender Persönlichkeiten des modernen Weinbaus, des toskanischen Adeligen Vittorio Frescobaldi und des Kaliforniers Robert Mondavi. Ihre Idee: die Unterschiede beider Weinkulturen als fruchtbaren Gegensatz zu begreifen und in einer Synthese aufzuheben. Zu Hilfe kamen den beiden Weinpionieren dabei die Bodenverhältnisse des Weinguts. Seine tieferen Lagen bestehen aus tonhaltigen Schichten, ein idealer Standort für Merlot. In den höher gelegenen hingegen findet sich der *galestro* genannte Kalkschiefer, auf dem sich eher Sangiovese wohlfühlt. Es lag daher nahe, die Eleganz des Sangiovese mit der fülligen Weichheit des Merlot zu vereinen. Toskana und Kalifornien – im Jahr 1993 war das eine Sensation in Montalcino. Der Einsatz von Barrique mit einem hohen Anteil an neuem Holz dürfte nicht weniger irritierend gewirkt haben.

2004 endete die Zusammenarbeit mit Mondavi, und in den letzten Jahren hat der Wein einen stärker toskanischen Akzent angenommen. Sein Etikett ziert eine strahlende Sonne. Die Sonne Kaliforniens oder der Toskana? Weder noch, das Motiv stammt vom Hauptaltar der Florentiner Kirche Santo Spirito. Der von Brunelleschi ausgeführte Bau wurde einst von den Frescobaldi gesponsert.

Adresse Località Castelgiocondo, 53024 Montalcino, Tel. +39/055/27141, www.tenutaluce.com | **Anfahrt** von Montalcino auf der SP 14 Richtung Sant'Angelo Scalo, dann auf der SP 103 Richtung Castiglione del Bosco, nach 900 Metern links auf die SP 117, nach 4,1 Kilometern rechts | **Öffnungszeiten** nach Vereinbarung | **Tipp** Eine Parkmöglichkeit und eine große Auswahl bietet die »Enoteca bd« in der Via Traversa dei Monti 214 (Tel. +39/0577/849019).

109 Terra di Seta

Koscherer Chianti Classico

Wein ist für die meisten Kulturen des Altertums belegt. Doch nur im Judentum nimmt der Wein eine derart zentrale Rolle ein, dass er das gesamte gesellschaftliche, familiäre und religiöse Leben durchdringt. Zu vielen jüdischen Festen muss Wein gereicht werden, und wenn er ausgeht, tut man alles, um bloß kein Wasser trinken zu müssen. Wie einst zu Kana. Voraussetzung ist jedoch immer, dass der Wein koscher ist. Was das bedeutet, kann man im Weingut von Daniele Della Seta und seiner Frau Maria Pellegrini lernen. Um koscheren Wein zu erhalten, kommt es vor allem darauf an, wer den Wein macht. Alle Arbeiten, von der Ankunft der Trauben im Keller bis hin zum fertigen Wein, dürfen allein von praktizierenden Juden erledigt werden. Um zu garantieren, dass andere Personen keinen Zutritt zu dem der Weinbereitung gewidmeten Kellerteil haben, hat Daniele eine Trennscheibe aus Glas eingebaut. So kann man bei Kellerführungen dennoch alle Arbeitsvorgänge regelkonform beobachten. Eine schwierigere Herausforderung ist die Einhaltung der Schabbat-Ruhe. Dazu wurden Arbeitsprozesse, die keinen Aufschub dulden, automatisiert. Nur die Handlese im Weinberg kann nicht ersetzt werden. Da muss man halt warten, meint er. Ansonsten aber entspricht alles den üblichen Praktiken moderner Weinherstellung. Pasteurisierten Wein *(mewuschal)* erzeugt das Gut nicht.

Daher sind die Weine auch fehlerfrei, sortentypisch und Ausdruck ihres Terroirs. Die Lage der Weinberge auf 500 Metern Höhe verleiht den Weinen zusätzliche Eleganz. Der Bio-Betrieb legt besonderen Wert auf Nachhaltigkeit. Eine Photovoltaikanlage trägt dazu ebenso bei wie die in unmittelbarer Nähe zum Keller gelegenen Weinberge. »Das spart eine Menge an schädlicher Fahrerei«, betont Daniele. Als wir durch die Reben streifen, kommt uns ein Hase entgegen, blickt uns lange prüfend an und hoppelt dann gemächlich weiter. Auch ihm geht es gut hier.

Adresse Località Macie, 53010 Vagliagli, Tel. +39/0577/322428, www.terradiseta.it | **Anfahrt** von Radda in Chianti auf der SP 102 Richtung Vagliagli, links auf die SP 9 Richtung »Parco Sculture«, nach 120 Metern links halten | **Öffnungszeiten** nach Vereinbarung | **Tipp** Die gutseigene Osteria hat freitagnachmittags und samstags geschlossen. Eine Alternative ist die »Taverna di Vagliagli« in der Via del Sergente 4 im nahe gelegenen Vagliagli (Tel. +39/0577/322532).

110_Vernaccia Wine Experience

Entstaubte Weingeschichte

Seit es Museen gibt, existiert auch die Kritik an ihnen. Das ist bei Weinmuseen nicht anders. Gerade bei ihnen hat man oft den Eindruck des Verstaubten und Immergleichen: eine wurmstichige Presse, ein paar verrostete Winzermesser, ein vergilbtes Dokument … Das »Vernaccia Wine Experience« betitelte Museum deutet schon im Namen an, dass es auf etwas anderes aus ist: den Vernaccia di San Gimignano erlebbar zu machen.

Einen solchen Anspruch zu erfüllen ist freilich nicht leicht. Die Geschichte des Vernaccia di San Gimignano geht bis auf das Jahr 1276 zurück. Zudem wurde der Wein von Autoritäten wie Dante und Boccaccio gerühmt. Leicht könnte ein Museum da in eine retrospektive Huldigung verfallen und die dynamische Gegenwart dieses berühmtesten Weißweins der Toskana ausblenden. Doch zum Glück wurde das Museum als lebendiger Raum konzipiert, der auf zeitgemäße Weise informiert, ohne es mit der Präsentationstechnologie zu übertreiben.

Im Erdgeschoss erläutern kundige Sommeliers die Angebote des frei zugänglichen Museums. Im ersten Stock widmen sich Themenräume der Geschichte, dem Anbaugebiet und der Herstellung des Vernaccia. Postmillenials können mit Hilfe von Virtual-Reality-Headsets einen Flug durch die Weinberge unternehmen. Zurück im Parterre, geht die Vernaccia-Erzählung weiter. Zwei mit jeweils acht Weinen bestückte Dispenser ermöglichen, sich einen guten Überblick zu verschaffen. Nur Kontostand und Interesse bestimmen das Guthaben auf einer Magnetkarte, mit der man von einer kleinen Probe bis zu einem richtigen Glas Wein alles verkosten kann. Wer länger vor Ort ist, profitiert davon, dass die Weine jeden Tag wechseln. Und wen das Vernaccia-Fieber dann gepackt hat, der nimmt sich einfach ein Gläschen mit auf die hübsche Terrasse vor dem Museum.

Adresse Via della Rocca 1, 53037 San Gimignano, Tel. +39/0577/941267, https://wineexperience.vernacciasangimignano.it | **Anfahrt** am Parcheggio 2 Montemaggio parken, zu Fuß durch die Porta San Giovanni bis zur Piazza del Duomo, am Dom rechts vorbei, an der Weggabelung links | **Öffnungszeiten** nach Vereinbarung | **Tipp** In der »Gelateria Dondoli« an der Piazza della Cisterna gibt es Vernaccia-Eis.

111_Winestillery®

Weingeist aus dem Chianti Classico

Die linke Hand Adams und die rechte Gottes, zwei Fingerspitzen, die sich fast berühren … Dieses vielleicht bekannteste Detail aus Michelangelos Genesis-Fresken zeigt den Augenblick, als Gott Adam das Leben einhaucht, ihm Geist schenkt. »Geist« ist eine Übersetzung des griechischen *pneuma* beziehungsweise des lateinischen *spiritus*. Es bedeutet so viel wie bewegte Luft, Atem, ein das Leben in Gang setzendes Prinzip. Davon zehrt noch der in der Renaissance von Paracelsus eingeführte Begriff *spiritus vini*, Weingeist.

Wer erstmals den Geist aus dem Wein befreite, also erfolgreich ein Destillat herstellte, ist unbekannt. Hoch quotiert ist die Medizinschule von Salerno. Anfangs ging es natürlich um Heilbehandlung. Bald aber bemerkte man, dass das Zeug auch gut schmeckte. In diesem historischen Moment liegen die Wurzeln der heute weltweit praktizierten Destillation. Das bekannteste italienische Destillat ist der aus Weintrester hergestellte Grappa.

Bei der Winestillery® hingegen ist das Ausgangsprodukt immer Wein. Produziert wird er im familieneigenen Gut. Stefano Chioccioli Altadonna und sein Sohn Niccolò sind Önologen, seine Tochter Ginevra hat Biologie studiert. So weit die Verantwortlichen des Weinguts.

Dann ist da aber noch Enrico. Der war kurz davor, eine Karriere als Rechtsanwalt einzuschlagen, als ihn seine Berufung zum Destillieren ereilte. In New York, Bordeaux, Conegliano und Cognac erlernte er die Grundlagen. »Für die Qualität eines Destillats«, erklärt er, »sind die Qualität der Rohstoffe, das Geschick des Destillateurs und die Bauart des Alembik entscheidend.« Das Besondere an dem Betrieb ist, dass nicht nur all diese Elemente aus der Toskana stammen, sondern Weinbaubetrieb und Destillerie eine organische Einheit bilden. Schon im Weinberg wird so auf das gewünschte Endprodukt hingearbeitet. Das Ergebnis ist höchste Qualität.

Adresse Via Michelangelo Buonarroti 1/3, 53013 Gaiole in Chianti, Tel. +39/335/7021900, www.winestillery.it | **Anfahrt** A 1, Ausfahrt Valdichiana, auf die SP 11, an der Gabelung rechts halten, auf der SP 408 bis Gaiole | **Öffnungszeiten** nach Vereinbarung | **Tipp** Sehr gut isst und trinkt man in der »Osteria al Ponte« in der Via Casabianca 25 (Tel. +39/0577/744085).

1
Monzone
Gramolazzo
Fiumalbo
Parco Naturale delle Alpi Apuane
Poggio
Fosdinovo
Vagli Sopra
Lago di Vagli
Castelnuovo
Abetone
Pianosinatico
Cutigliano
Colonnata
Alpi Apuane
Isola Santa
Barga
Coréglia Antelminelli
CARRARA
Bedizzano
Casette
Gallicano
MASSA
San Carlo
Montigroso
Tereglio
Scesta
Popiglio
Marina di Carrara
Fabbriche di Vallico
Bagni di Lucca
Pitéglio
Marina di Massa
Levigliani
Borgo a.Mozzano
Fabbriche
Prunetta
Querceta
Fornoli
Marina dei Ronchi
Seravezza
Stazzema
Pescaglia
Diécimo
Pietrasanta
Boveglio
Vellano
Forte dei Marmi
Camaiore
Goraiolo
Villa Basilica
A 12
Montemagno
Monsagrati
Ponte a Moriano
Péscia
MONTECATINI TERME
Lido di Camaiore
Collodi
Vapromaro
Massarosa
VIARÉGGIO
Capannori
Monsummano Terme
Chiesa
Balbano
Porcari
LUCCA
Lago di Massaciúccoli
Torre di Lago
Chiesina Uzzanese
Sorbano del Vescovo
Altopáscio
Golfo di Genova
Vecchiano
Ponte di Masino
Galleno
Monte Pisano
Tenuta di S. Rossore
Madonna dell'Acqua
S. Giuliano Terme
Staffoli
Le Cerbaie
Fucécchio
Calci
Buti
Gombo
Biéntina
Castelfranco di Sotto
Caprona
PISA
Calcinàia
Marina di Pisa
Arno
Tenuta di Tombolo
Cáscina
Pontedera
Móntópoli in Val d'Arno
Tirrenia
Vicarello
Stagno
Ponsacco
Calambrone
Collesalvetti
Guasticce
Capannoli
Paláia
Nugola
Torretta
Lari
LIVORNO
Salviano
Casciana Alta
Casciana Terme
Péccioli
A 12
Orciano Pisano
Montenero
La Sterza
Gabbro
San Luce
Villamagna
Calafuria
Colli Livornese
Nibbiaia
Era
Quercianella
Lago di Sta. Luce
Pomaia
Spedaletto
Castiglioncello
Castellina Marittima
Miemo
Rosignano Marittimo
Saline di Volterra
Riparbella
Vada
S. Pietro in Palzzi
Ponteginori
Guardistallo
Cécina
Cecina
Marina di Cécina
N
0
10 km
Bibbona
Casale Marittimo
Micciano
La California
La Sassa
Marina di Bibbona
Bólgheri
Serrazano
S. Guido
Canneto
58
54
57
51
53
55
56
49
47
50
48
52
59
64
66
65
34
63
61
46
36
43
41
39

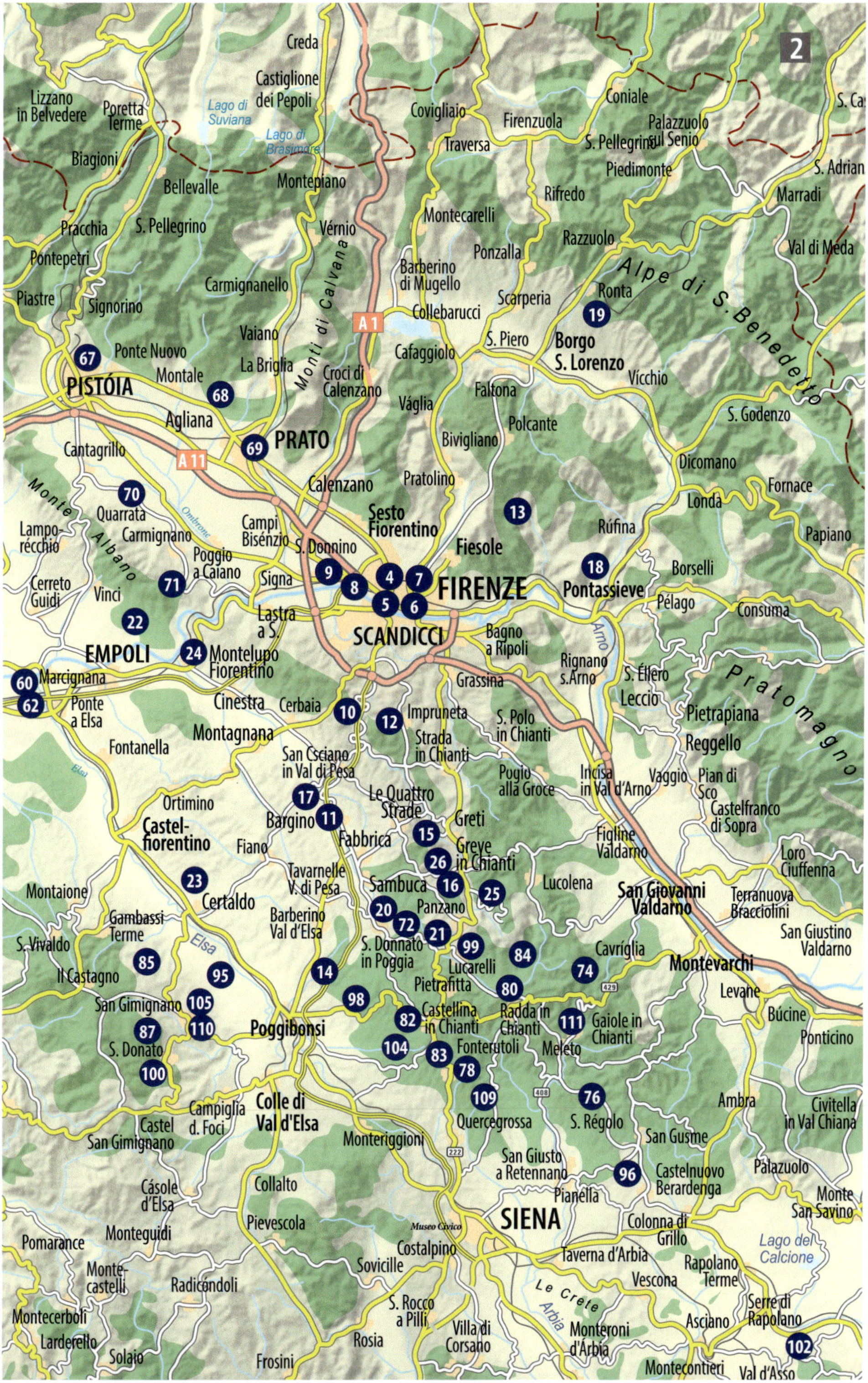
2
Creda
Castiglione dei Pepoli
Lago di Suviana
Lago di Brasimone
Lizzano in Belvedere
Poretta Terme
Biagioni
Bellevalle
Montepiano
Pracchia
S. Pellegrino
Vérnio
Pontepetri
Piastre
Signorino
Carmignanello
Monti di Calvana
Vaiano
La Briglia
Ponte Nuovo
Montale
PISTÓIA
Agliana
Croci di Calenzano
PRATO
Cantagrillo
A 11
A 1
Monte Albano
Quarrata
Carmignano
Ombrone
Lampo-recchio
Campi Bisénzio
Poggio a Caiano
Calenzano
Sesto Fiorentino
S. Donnino
Signa
Cerreto Guidi
Vinci
Lastra a S.
EMPOLI
Montelupo Fiorentino
Marcignana
Ponte a Elsa
Cinestra
Cerbaia
Montagnana
Fontanella
Elsa
San Casciano in Val di Pesa
Ortimino
Bargino
Castel-fiorentino
Fiano
Montaione
Certaldo
Gambassi Terme
S. Vivaldo
Il Castagno
San Gimignano
S. Donato
Poggibonsi
Colle di Val d'Elsa
Campiglia d. Foci
Castel San Gimignano
Cásole d'Elsa
Collalto
Monteguidi
Pievescola
Pomarance
Monte-castelli
Radicóndoli
Montecerboli
Larderello
Solaio
Frosini
Coviglaio
Traversa
Firenzuola
Coniale
Palazzuolo sul Senio
S. Pellegrino
Piedimonte
S. Adrian
Marradi
S. Ca
Rifredo
Razzuolo
Val di Meda
Alpe di S. Benedetto
Montecarelli
Ponzalla
Barberino di Mugello
Ronta
Scarperia
Collebarucci
S. Piero
Borgo S. Lorenzo
Cafaggiolo
Vícchio
Faltona
Váglia
Polcante
S. Godenzo
Bivigliano
Dicomano
Pratolino
Fornace
Londa
Papiano
Fiesole
Rúfina
Borselli
FIRENZE
Pontassieve
Pélago
Consuma
SCANDICCI
Bagno a Ripoli
Arno
Rignano s.Arno
S. Éllero
Leccio
Pratomagno
Grassina
Impruneta
S. Polo in Chianti
Pietrapiana
Reggello
Strada in Chianti
Pogio alla Groce
Incisa in Val d'Arno
Vaggio
Pian di Sco
Castelfranco di Sopra
Le Quattro Strade
Greti
Fabbrica
Figline Valdarno
Greve in Chianti
Loro Ciuffenna
Tavarnelle V. di Pesa
Sambuca
Lucolena
San Giovanni Valdarno
Terranuova Bracciolini
Panzano
Barberino Val d'Elsa
San Giustino Valdarno
S. Donnato in Poggia
Cavríglia
Lucarelli
Montevarchi
Pietrafitta
Levane
Castellina in Chianti
Radda in Chianti
Gaiole in Chianti
Búcine
Fonterutoli
Meleto
Ponticino
Ambra
Quercegrossa
S. Régolo
Civitella in Val Chiana
Monteriggioni
San Gusme
San Giusto a Retennano
Castelnuovo Berardenga
Palazuolo
Pianella
Monte San Savino
SIENA
Museo Civico
Colonna di Grillo
Lago del Calcione
Costalpino
Taverna d'Arbia
Sovicille
Vescona
Rapolano Terme
Le Crete
Arbia
S. Rocco a Pilli
Monteroni d'Árbia
Asciano
Serre di Rapolano
Villa di Corsano
Rosia
Montecontieri
Val d'Asso
429
408
222
67 68 69 70 71 22 24 60 62 9 8 4 7 5 6 10 12 13 18 19 17 11 15 26 16 25 23 20 72 21 99 84 74 85 95 14 80 105 98 82 111 87 110 104 83 78 100 109 76 96 102

3
Rosignano Marittimo
Castellina Marittima
Miemo
Saline di Volterra
Castel San Gimignano
Campiglia d. Foci
Colle di Val d'Elsa
61
Riparbella
Vada
S. Pietro in Palzzi
Ponteginori
Cásole d'Elsa
Collalto
Guardistallo
Cecina
Cécina
Pievescola
Marina di Cécina
Monteguidi
Pomarance
Bibbona
Casale Marittimo
La California
Micciano
Monte-castelli
Radicóndoli
36
La Sassa
Marina di Bibbona
46
43
Bólgheri
Montecerboli
S. Guido
41
39
Serrazano
Larderello
Solaio
Canneto
Frosini
38
37
Colline Metallifere
Donorático
Castagneto Carducci
Monteverdi Marittimo
Palazzetto
Monterotondo
Sassetta
Fontalcinaldo
Montieri
San Vicenzo
Monticiano
Isola di Capraia
Suvereto
Prata
Montebamboli
Boccheggiano
40
Gabellino
Massa Marittima
Cafaggio
Cornia
Meleto
Venturina
Montioni
Perolla
Casalappi Ruschi
Valpiana
Sassofortino
Populonia
Resta
Roccastrada
Montemassi
Riotorto
Cura Nuova
Rondelli
44
Sticciano
Gavorrano
PIOMBINO
Follonica
Giuncarico
Scarlino
Golfo di Follonica
Portiglione
Batignano
Savo
Grilli
Braccagni
Tirli
Pian d'Alma
Portoferraio
Rio Marina
Punta Ala
30
Macchiascandona
Roselle
28
42
35
Riva del Sole
Istia d'Ombrone
Porto Azzuro
Le Rochette
45
Castiglione della Pescaia
GROSSETO
Rispescia
Marina di Grosseto
Isola d'Elba
Ombrone
Spergolaia
Principina a Mare
Alberese
Monti dell'Uccelina
Marina di Alberesa
Fonteblanda
Talamone
N
0
10 km
Porto Santo Stefano
Cala Piccola

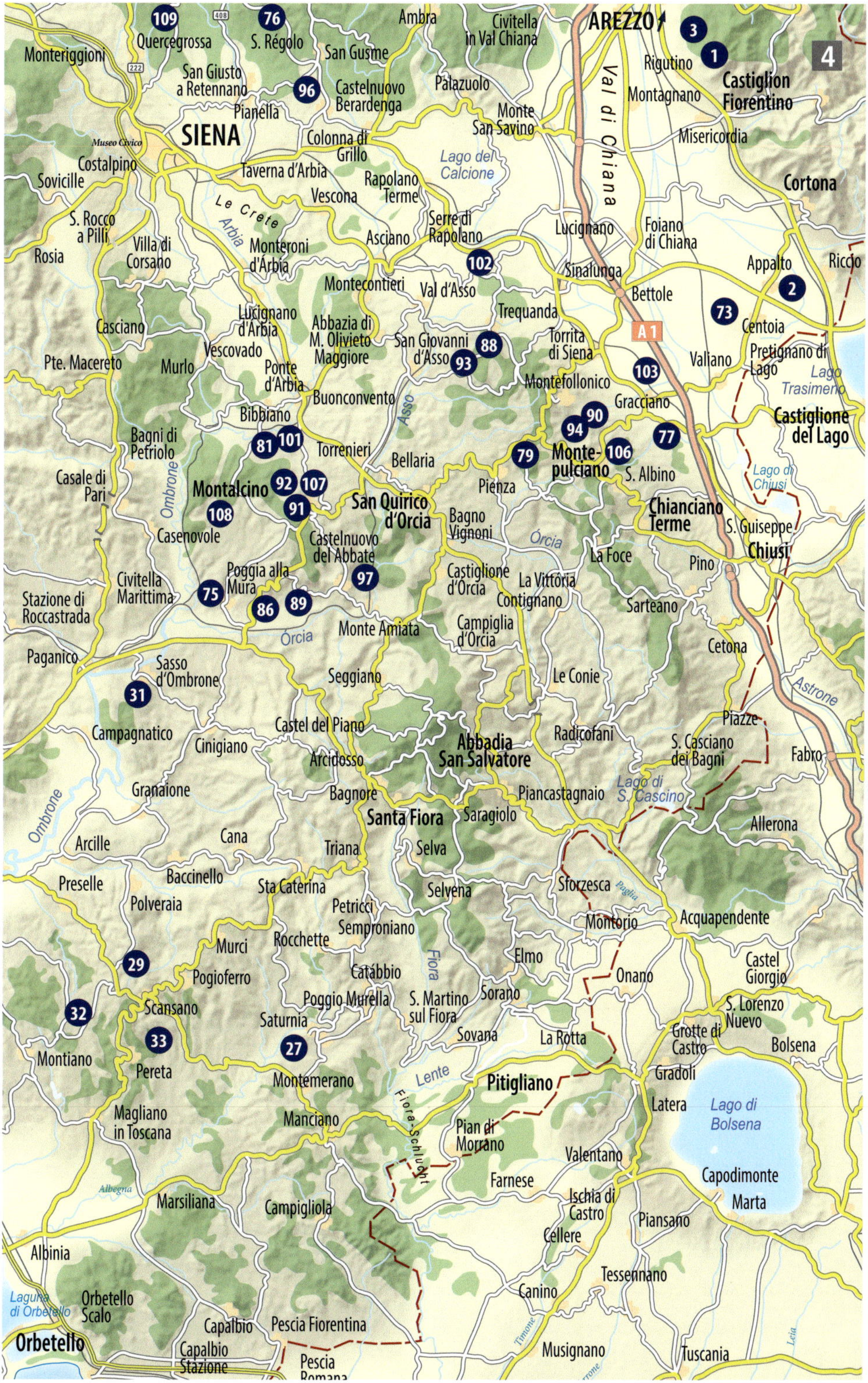

4
Monteriggioni
Quercegrossa
S. Régolo
Ambra
Civitella in Val Chiana
AREZZO
Rigutino
Castiglion Fiorentino
San Gusme
San Giusto a Retennano
Castelnuovo Berardenga
Palazuolo
Montagnano
Val di Chiana
Pianella
SIENA
Museo Civico
Colonna di Grillo
Monte San Savino
Misericordia
Costalpino
Taverna d'Arbia
Lago del Calcione
Cortona
Sovicille
Le Crete
Arbia
Vescona
Rapolano Terme
S. Rocco a Pilli
Villa di Corsano
Monteroni d'Arbia
Asciano
Serre di Rapolano
Lucignano
Foiano di Chiana
Rosia
Appalto
Riccio
Sinalunga
Montecontieri
Val d'Asso
Bettole
Casciano
Lucignano d'Arbia
Abbazia di M. Oliveto Maggiore
Trequanda
Centoia
San Giovanni d'Asso
Torrita di Siena
A1
Pte. Macereto
Vescovado
Valiano
Pretignano di Lago
Murlo
Ponte d'Arbia
Lago Trasimeno
Montefollonico
Buonconvento
Asso
Gracciano
Bibbiano
Castiglione del Lago
Bagni di Petriolo
Torrenieri
Bellaria
Monte-pulciano
S. Albino
Casale di Pari
Ombrone
Pienza
Lago di Chiusi
Montalcino
San Quirico d'Orcia
Chianciano Terme
Bagno Vignoni
S. Guiseppe
Casenovole
Castelnuovo del Abbate
Órcia
Chiusi
La Foce
Pino
Poggia alla Mura
Castiglione d'Orcia
La Vittoria
Civitella Marittima
Stazione di Roccastrada
Contignano
Sarteano
Órcia
Monte Amiata
Campiglia d'Orcia
Cetona
Paganico
Sasso d'Ombrone
Seggiano
Le Conie
Astrone
Piazze
Castel del Piano
Campagnatico
Radicofani
S. Casciano dei Bagni
Cinigiano
Abbadia San Salvatore
Fabro
Arcidosso
Granaione
Bagnore
Piancastagnaio
Lago di S. Cascino
Ombrone
Santa Fiora
Saragiolo
Allerona
Cana
Arcille
Triana
Selva
Baccinello
Preselle
Sta Caterina
Selvena
Sforzesca
Paglia
Polveraia
Petricci
Semproniano
Acquapendente
Montorio
Rocchette
Murci
Fiora
Elmo
Castel Giorgio
Onano
Pogioferro
Catábbio
Poggio Murella
Sorano
S. Martino sul Fiora
S. Lorenzo Nuovo
Scansano
Saturnia
Grotte di Castro
Sovana
La Rotta
Bolsena
Montiano
Pereta
Lente
Gradoli
Montemerano
Pitigliano
Fiora-Schlucht
Latera
Lago di Bolsena
Magliano in Toscana
Manciano
Pian di Morrano
Valentano
Farnese
Capodimonte
Albegna
Marsiliana
Campigliola
Ischia di Castro
Marta
Piansano
Cellere
Albinia
Tessennano
Laguna di Orbetello
Orbetello Scalo
Canino
Capalbio
Pescia Fiorentina
Orbetello
Capalbio Stazione
Timone
Musignano
Tuscania
Leia
Pescia Romana
109 76 96 3 1 102 2 73 88 93 103 90 94 106 77 81 101 79 92 107 108 91 97 75 86 89 31 29 32 33 27

Thomas Tribus
111 Orte in Meran, die man gesehen haben muss
ISBN 978-3-7408-1633-9

Federico Meloni, Jana Meloni
111 Orte auf Sardinien, die man gesehen haben muss
ISBN 978-3-7408-1997-2

Beate C. Kirchner
111 Orte In Florenz und im Norden der Toskana, die man gesehen haben muss
ISBN 978-3-7408-1630-8

Annett Klingner
111 Orte in Rom, die man gesehen haben muss
ISBN 978-3-7408-1628-5

Peter Eickhoff
111 Südtiroler Gasthäuser, die man kennen muss
ISBN 978-3-7408-0137-3

Beate Giacovelli
111 Orte am Comer See, die man gesehen haben muss
ISBN 978-3-7408-1201-0

Giulia Castelli Gattinara
111 Orte in Mailand, die man gesehen haben muss
ISBN 978-3-7408-0739-9

Max Fleschhut
111 Orte auf Elba, die man gesehen haben muss
ISBN 978-3-7408-0587-6

Franz Hlavac, Gisela Hopfmüller
111 Orte in Friaul und Julisch Venetien, die man gesehen haben muss
ISBN 978-3-7408-0575-3

Petra Sophia Zimmermann
111 Orte am Gardasee und in Verona, die man gesehen haben muss
ISBN 978-3-95451-344-4

Natalino Russo
111 Orte in Neapel, die man gesehen haben muss
ISBN 978-3-7408-0478-7

Alessandro Martini,
Maurizio Francesconi
111 Orte in Langhe, Roero und Monferrato, die man gesehen haben muss
ISBN 978-3-7408-0474-9

Sabine Gruber, Peter Eickhoff
111 Orte in Südtirol, die man gesehen haben muss
ISBN 978-3-95451-318-5

Marx de Morais
111 Orte in Turin und im Piemont, die man gesehen haben muss
ISBN 978-3-95451-736-7

Fabrizio Ardito
111 Orte in Umbrien, die man gesehen haben muss
ISBN 978-3-7408-0238-7

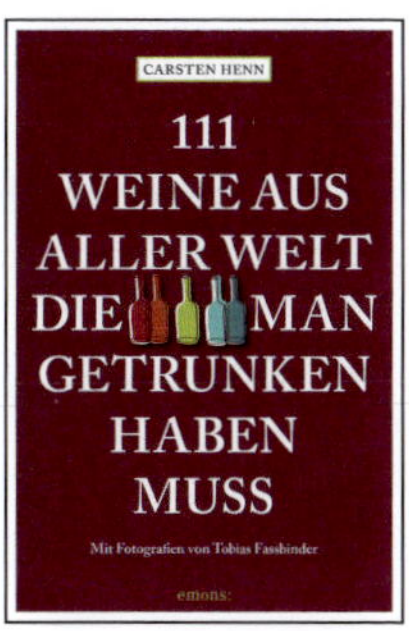

Carsten Sebastian Henn
111 Weine aus aller Welt, die man getrunken haben muss
ISBN 978-3-7408-0859-4

Pierre Thomas
111 Schweizer Weine, die man getrunken haben muss
ISBN 978-3-7408-1301-7

Daniela Dejnega, Luzia Schrampf
111 Weine aus Österreich, die man getrunken haben muss
ISBN 978-3-7408-0618-7

Carsten Henn
111 Deutsche Weine, die man getrunken haben muss
ISBN 978-3-7408-0732-0

Daniela Dejnega, Luzia Schrampf
111 Schaumweine aus aller Welt, die man getrunken haben muss
ISBN 978-3-7408-1222-5

Martin Roos, Jean-Claude Bourgueil
111 Orte in der Champagne, die man gesehen haben muss
ISBN 978-3-7408-1084-9

Bernd Imgrund
111 Whiskys, die man getrunken haben muss
ISBN 978-3-7408-1838-8

Jens Dreisbach
111 Cocktails, die man getrunken haben muss
ISBN 978-3-7408-1632-2

Evelyn Pschak von Rebay
111 Mal sauguad essen in München
ISBN 978-3-7408-1354-3

Martin Droschke
111 Biere aus Altbayern und Bayerisch-Schwaben, die man getrunken haben muss
ISBN 978-3-7408-1069-6

Jens Dreisbach
111 Gins, die man getrunken haben muss
ISBN 978-3-7408-0571-5

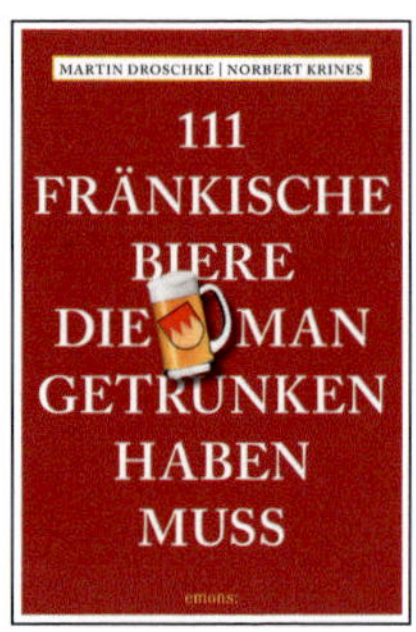

Martin Droschke, Norbert Krines
111 Fränkische Biere, die man getrunken haben muss
ISBN 978-3-7408-1835-7

Danksagung

Danksagungen sind nur möglich, weil man sie irgendwo abbricht. Wollte ich alle erwähnen, die zu diesem Buch in der einen oder anderen Weise einen Beitrag geleistet haben, entstünde eine allzu lange Liste.

Besonderer Dank gilt zunächst einmal den Winzern, den Inhabern von Restaurants und Weinläden, den Betreibern von Weinmuseen und anderen Förderern der toskanischen Weinkultur, die uns ihre Türen geöffnet haben. Ihre Gastfreundschaft und ihr bereitwillig geteiltes Wissen waren eine unschätzbare Hilfe.

Leonardo Taddei, Aldo Fiordelli, Armando Castagno, Riccardo Margheri, Amelia De Francesco, Renzo Chiaramonti und Massimo Rossi halfen mit Rat und Hinweisen.

Stefan Krauss hat mit großer freundschaftlicher Geduld und Genauigkeit mein eingerostetes Deutsch aufpoliert. Sonja Erdmann und das gesamte Emons-Team waren stets zur Stelle, um dem Text eine leserfreundliche Form und ansprechende Gestalt zu geben. Ihnen allen sei herzlich gedankt.

Den Einstieg in die Welt des Weins verdanke ich jedoch meinen Eltern. Mein Vater hat mich sehr früh mit großen Weinen vertraut gemacht, und das Augenmaß meiner Mutter hat verhindert, dass mich die Suche nach ihnen in den finanziellen Ruin führte. Ihrer beider Andenken ist dieses Buch gewidmet.

Ulrich Kohlmann hat in Philosophie promoviert und einige Jahre mit Lehrtätigkeit in Italien, Brasilien und Deutschland verbracht, bevor er sich in der Wein- und Food-Kommunikation selbstständig gemacht hat (www.tuscantasting.it). Er ist Dozent der italienischen Sommelier-Vereinigung A.I.S., Käse- und Olivenölverkoster.

Anna Maria Santangelo ist diplomierte Übersetzerin und Sommelière. Ihre Passion für Wein und Landschaft finden in der Fotografie ihren Brennpunkt.